STUFEN DES LEBENS

W0065090

Das ganze menschliche Leben – nicht nur der eine oder
andere Teilbereich – ist in eine Krise geraten. Der Mensch
produziert Überfluß und verarmt an elementaren Erlebnissen.
Mit überentwickelten Instrumenten steht er als ein
unterentwickeltes Wesen da. Er scheint mit allem, nicht
aber mit sich selbst fertig zu werden. Deswegen ist es an der
Zeit, ihm, dem Menschen, alle Aufmerksamkeit zu widmen,
zu erforschen, was heilsam für ihn ist und was nicht, was
ihm wohltut und was ihn gefährdet.

In der Bibliothek *Stufen des Lebens* werden Lebensfragen
behandelt, die jeden Menschen angehen. Diese Buchreihe
wendet sich bewußt an den Laien. Ihm werden durch Einsicht
in die Grundmuster seelischen Verhaltens praktische Hilfen
zur Daseinsbewältigung gegeben. Bei aller Vielfalt der
Themen ist den Autoren die Absicht gemeinsam, dazu
beizutragen, daß der Mensch erwachsener, lebendiger und
freier wird und sich nicht ausschließlich an Erfolg und
Leistung orientiert.

LILY PINCUS

DAS HOHE ALTER

STUFEN DES LEBENS
Eine Bibliothek zu den Fragen unseres Daseins

Herausgegeben
von Hans Jürgen Schultz
Band 9

Kreuz Verlag Stuttgart · Berlin

Aus dem Englischen übersetzt
von Lieselotte und Ernst Mickel

Die deutsche Übersetzung wurde im Auftrag von Lily Pincus
autorisiert von Bernd H. Stappert

Pincus, Lily:

Das hohe Alter / Lily Pincus. [Aus d. Engl. übers.
von Lieselotte u. Ernst Mickel]. – 1. Aufl. –
Stuttgart; Berlin: Kreuz-Verlag, 1982.
   (Stufen des Lebens; Bd. 9)
   Einheitssacht.: The challenge of a long life ‹dt.›
   ISBN 3-7831-0658-3
NE: GT

Die Originalausgabe ist 1981 erschienen im Verlag
Faber and Faber, London · Boston
unter dem Titel »The Challenge of a Long Life«
ISBN 0-571-11775-9
© Lily Pincus, 1981
Alle deutschen Rechte beim Kreuz Verlag, Stuttgart 1982
1. Auflage 1982
Foto von Lily Pincus: Otto Manasse
Gestaltung: Hans Hug · Gesamtherstellung: Ebner Ulm
ISBN 3 7831 0658 3

INHALT

Vorwort

Die rapide wachsende Anzahl alter und sehr alter Menschen ist eines der dringendsten Probleme unserer Zeit. Gerontologen, Ärzte, Psychologen und Sozialarbeiter zerbrechen sich den Kopf, wie sie den Bedürfnissen der alten Menschen und denen der Gesellschaft, in der sie leben, gerecht werden können. Ich bin eine dieser Alten, dreiundachtzig Jahre alt, und bin persönlich durch die Begegnung mit Altersgenossen sowie auch beruflich als Familientherapeutin ständig mit der Frage beschäftigt: Warum haben manche alte Leute ein glückliches, aktives, selbst schöpferisches hohes Alter, während andere nur vegetieren? Ich bin keine Wissenschaftlerin und habe auch in meinen früheren Arbeiten gefunden, daß Lebensgeschichten überzeugender sind als Theorien. Deshalb will ich auch bei diesem Altersthema meine Erfahrungen hauptsächlich in Form von Lebensgeschichten vermitteln und zunächst versuchen, ein wenig zu verstehen, inwieweit mein eigenes Alter durch meine Lebenserfahrungen beeinflußt worden ist.

PERSÖNLICHE ERFAHRUNGEN AUS DREIUNDACHTZIG JAHREN

Als ich 1898 in Karlsbad geboren wurde, gehörte der berühmte Badeort in Böhmen noch zum österreichisch-ungarischen Kaiserreich. Ich war das erste und sehnsüchtig erwartete Kind liberaler jüdischer Eltern, die dem Mittelstand angehörten und in enger Beziehung mit ihren Geschwistern und deren Familien lebten. Diese enge Verbindung wurde unterbrochen oder doch wenigstens erheblich gelockert, als mein Vater aus Geschäftsgründen nach Berlin ziehen mußte. Ich war damals fünf Jahre alt und mein Bruder Oscar zwei. Mein jüngerer Bruder Max wurde zwei Jahre später geboren – mehr oder weniger auf Anraten unseres Hausarztes, denn meine Mutter hatte in der ihr fremden Umgebung alle möglichen nervösen Symptome entwickelt, und man hoffte, daß ein neues Kind ihr helfen würde, die Gefühle der Entfremdung zu überwinden. Sie war eine hingebungsvolle Mutter, und ihre Kinder waren stets der Mittelpunkt ihres Lebens.

Obwohl der Umzug in die fremde Umgebung und die Depressionen meiner Mutter für ein fünfjähriges Kind nicht ganz leicht gewesen sein können, scheine ich mich sehr schnell in die neue Umgebung eingelebt zu haben. Wahrscheinlich hat die liebevolle Zuneigung meiner Familie dazu beigetragen, daß mein Vertrauen zum Leben und mein Interesse für alles Neue keinen Schaden erlitten. Unsere Wohnung lag am Spreeufer, und der aufregende Anblick vorüberfahrender Schiffe dürfte mich für den Verlust der herrlichen Karlsbader Wälder entschädigt haben. Diese waren der Spielplatz meiner frühen Kindheit gewesen, und meine beiden Kusinen waren meine unzertrennlichen Spielgefährten. Ich hing so sehr an ihnen, daß ich sogar darauf bestand, genau wie sie angezogen zu werden. Vielleicht hat mir das Erlebnis dieser engen Beziehung geholfen, auch in Berlin schnell eine neue Freundin zu finden. Sie hieß Lotte und lebte im selben Haus wie wir. Wir gingen zusammen zur Schule und verbrachten auch alle unsere freie Zeit miteinander. Die Tatsache, daß ich bat, dieselben Kleider wie Lotte tragen zu dürfen, beweist, daß ich meine Bedürfnisse nach einer engen Identifikation auf sie übertragen hatte.

Ich bin von Anfang an in der Schule sehr glücklich gewesen,

fand schnell Freunde, lernte aber sehr wenig. Meine sorglose
Einstellung zur Arbeit wurde von unserem Schuldirektor noch
unterstützt, der oft sagte, es sei ihm wichtiger, daß seine
Mädchen glücklich und liebevoll wären, als daß sie viel lernten.
Trotz meiner Faulheit hatte ich aber in der Schule nie Schwierigkeiten. Ich machte fast keine Schulaufgaben und tat alles nur
mit der allergeringsten Anstrengung. Ich scheine meine Energien und meine Interessen hauptsächlich für meine persönlichen Beziehungen verwendet zu haben.

Die Verbindung mit Karlsbad wurde durch Besuche unserer Verwandten von dort aufrechterhalten, und sobald Oscar
und ich groß genug waren, um alleine zu reisen, verbrachten
wir unsere Sommerferien in Karlsbad bei unseren Tanten, die
uns immer höchst willkommen hießen. Die erfreulichen
Wochen, die wir dort verlebten, erhielten die Verbindung mit
unseren Vettern und Kusinen und deren Freunden aufrecht
und bewahrte uns die Kontinuität mit unserer frühen Kindheit
und unseren frühesten Erinnerungen.

Ich weiß nicht recht, zu welchem Zeitpunkt meiner glücklichen Kindheit mir klar wurde, daß mein geliebtes Karlsbad
nicht nur ein Ort für Vergnügen und Fröhlichkeit sei, sondern
voller Konflikte war. Die Kurgäste, die kamen, um den
Brunnen zu trinken, waren meist wohlhabende Ausländer,
deren Lebensstil sich von dem der Einwohner stark unterschied. Alle Geschäfte und alle Unterhaltungen waren auf die
Bedürfnisse dieser Kurgäste eingestellt, so daß sich die Karlsbader selbst oft als zweitklassige Bürger fühlten. Zusätzlich zu
den Spannungen, die dadurch entstanden, kamen noch die
zwischen den deutschsprachigen und den tschechischsprachi-
gen Bewohnern. Meine Verwandten waren alle deutsche
Juden, mit einer Betonung des Deutschen, und sie wollten
nichts mit der tschechischsprechenden Bevölkerung zu tun
haben. Als meine liebste Kusine Elsa sich in einen intelligenten
und sehr reizvollen tschechischen Ingenieur verliebte, war die
Familie außer sich und verlangte, sie solle ihre Beziehung zu
einem Mitglied dieser Unterklasse aufgeben. Sie war todunglücklich und floh zu meinen Eltern, die sie unterstützten, was
mich sehr stolz auf meine Eltern machte und mir auch die

12

Möglichkeit gab, diese aufregende Romanze aus nächster Nähe mitzuerleben. Schließlich gaben Elsas Eltern nach. Sie heiratete ihren Ingenieur, und als nach dem Krieg 1914–1918 die österreichische Monarchie zusammenbrach und Karlsbad und das Sudetenland ein Teil der neu geschaffenen Tschechoslowakei wurden, wurde die minderwertige zur höheren Klasse. Mir war unverständlich, warum Elsas Familie versucht hatte, ihre Liebe zu diesem Mann zu zerstören. Denn als ein paar Jahre früher ihre ältere Tochter einen Mann heiratete, der von allen Familienmitgliedern hoch geschätzt wurde, endete das mit einer Tragödie: Sie beging Selbstmord auf ihrer Hochzeitsreise. Und obwohl ich damals keine Ahnung hatte, was da eigentlich passiert sein konnte, hatte ich so das Gefühl, daß es mit dem Schreck über die erste sexuelle Erfahrung zusammenhing. Ich war damals zwölf Jahre und hatte keine Ahnung, welcher Art eine solche Erfahrung sein mochte. Aber jetzt als alte Frau erkenne ich, wie wichtig es für mich war, in so früher Jugend zu erfahren und zu akzeptieren, daß geliebte Orte und geliebte Menschen auch ihre negativen Seiten haben können, und sie doch weiter zu lieben.

Für mich blieben der wichtigste Teil meines Lebens meine Freundschaften, zu denen dann auch bald Freunde gehörten. Der einzige, mit dem es mir ernst war, war Emil, den ich sozusagen von einem älteren Mädchen erbte, für das ich in der Schule geschwärmt hatte. Derartige Schwärmereien waren dort gern gesehen und wurden gefördert. Als dieses Mädchen uns beiden untreu wurde, trösteten Emil und ich uns gegenseitig, indem wir Unmengen von Kuchen und heißer Schokolade verzehrten. Emil wohnte auf der einen, ich auf der anderen Seite der Spree, und um uns nachts näher zu sein, beschlossen wir beide, auf unseren Balkons zu schlafen. Mein Vater schüttelte zwar den Kopf darüber, trug mir aber jede Nacht meine Matratze auf den Balkon, half mir, das Bett zu machen, gab mir dann einen Gute-Nacht-Kuß und sagte: »Schlaf gut, du dumme Lise.« Zum Glück waren im Frühsommer 1914 die Nächte warm.

Ich war sehr glücklich, bis im August 1914 der Krieg ausbrach. Emil wurde eingezogen und verschwand aus meinem

Leben. Ein paar Monate später hörte auch meine Schulzeit auf, und meine sorglose Kindheit war beendet. Ich muß wohl ein bißchen gespürt haben, was das bedeutete, denn ich erinnere mich ganz deutlich, wie ich am letzten Schultag bitterlich weinte und vergeblich versuchte, mein tränenüberströmtes Gesicht unter einem altmodischen Wasserhahn im Korridor zu kühlen.

In den letzten Schulmonaten herrschte eine Atmosphäre patriotischer Begeisterung, und unsere Lehrer brachten uns bei, wie wichtig es sei, einen Beruf zu wählen, der dem deutschen Kriegsunternehmen nützlich sein würde. Ich hatte keine Ahnung, was ich wollte. Aber meine Freundin Lotte wählte einen zweijährigen Kurs in wissenschaftlicher Fotografie, der auch Röntgenarbeit einschloß. Da mir das einzig Wichtige war, in Lottes Nähe zu bleiben, entschied ich mich für den gleichen Kurs. Aber ich merkte bald, daß er zwar für Lotte außerordentlich geeignet war, für mich dagegen gar nicht.

Es war deshalb ein schrecklicher Schlag für mich, als Lotte nach ein paar Monaten gezwungen wurde, den Kurs zu verlassen, weil ihr Vater russischen Ursprungs war und sie deshalb als feindliche Ausländerin galt.

Da ich für technische Dinge von jeher unbegabt war und mit diesen teuren und komplizierten Instrumenten nicht umgehen konnte, geschahen mir oft Unglücksfälle. Aber die Tatsache, daß ich leicht und glücklich mit den Patienten umgehen konnte, die zur Behandlung kamen, versöhnte meine Lehrer und mich mit meinen anderen Fehlleistungen. Erst viel später erfuhr ich, daß mein Umgang mit Röntgenstrahlen, gegen die man sich damals noch in keiner Weise schützte, zur größten Tragödie meines Lebens führte, nämlich niemals eigene Kinder bekommen zu können.

Im Frühling 1916 wurde bei meinem Vater, der sich schon seit einiger Zeit nicht sehr wohl fühlte, Leberkrebs diagnostiziert. Uns wurde gesagt, daß er nicht lange leben würde. Und da ich zu Hause bleiben wollte, um bei seiner Pflege zu helfen, gab ich meinen Ausbildungskurs auf. Das war für mich kein großes Opfer, gemessen an dem schmerzlichen Verlust, den ich nun zu erwarten hatte. Aber die letzten Lebensmonate meines Vaters waren in keiner Weise unglücklich. Obwohl Leberkrebs außerordentlich schmerzhaft ist, beklagte sich mein Vater nie und trug seine Krankheit mit ruhiger Würde. Er wußte, daß er sterben mußte, und brachte alle seine Angelegenheiten sorgfältig in Ordnung, aber er sprach nie darüber. Nur einmal, als wir drei Kinder an seinem Bett saßen und Max ihm eine Geschichte vorlas, sagte er mit einem liebevollen Lächeln: »Das ist nicht leicht, von solchen Kindern wegzugehen.«

Den größten Teil der Pflege teilte ich mit meinem fünfzehnjährigen Bruder Oscar. Unsere Mutter war ja sehr nervös und fühlte sich oft nicht wohl, und wir versuchten, ihr unnötiges Leiden zu ersparen. Oscar und ich unterstützten einander, und trotz unserer Jugend war es uns auch möglich, meiner Mutter und dem kleinen Bruder etwas Stütze zu sein. Max war damals erst elf Jahre alt. Während der Lebensmittelknappheit des Krieges hatte er ungeahnte Fähigkeiten darin entwickelt, nicht rationierte Lebensmittel aufzutreiben. Am Todestag meines Vaters stand er vom frühen Morgen an um ein paar Eier Schlange. Ich werde nie sein entsetztes Gesicht vergessen, als er freudestrahlend mit frischen Eiern nach Hause kam, und wir ihm sagen mußten, daß unser Vater in seiner Abwesenheit gestorben war. Oscar, der zwei Jahre zuvor seine Bar-Mizwah gefeiert hatte, mußte nun all die Pflichten erfüllen, die beim Begräbnis von einem jüdischen Mann erwartet wurden. Er erfüllte alles äußerst gewissenhaft; aber die Tatsache, daß er wenige Wochen später an einer Nierenentzündung erkrankte, macht wohl deutlich, wie sehr er als Fünfzehnjähriger überfordert war.

Der friedliche Tod unseres Vaters machte einen tiefen Eindruck auf mich. Ich spürte schon damals, wie wichtig es sei, daß die Atmosphäre um das Totenbett den Sterbenden unterstützt. Daß es mir möglich war, meine eigenen Gefühle des nahenden Verlustes so weit selber zu tragen, daß sie das Sterben meines Vaters nicht beschwerten, wurde für mich zu einer Quelle des Wachstums und der Kraft. Von da an stand ich oft an einem Totenbett, ohne daß ich es mir ausgesucht hätte.

Das beeinträchtigte meine Lebensfreude in gar keiner Weise. Ich kann beinahe sagen, daß es sie stärkte und mir half heranzuwachsen. Von dieser Zeit an benutzte ich meine offensichtliche Begabung für positive persönliche Beziehungen, die ich bis dahin auf meine Familie und meine persönlichen Freunde beschränkt hatte, auf viel bewußtere Weise. Ich verbrachte meine freie Zeit damit, mich um unterprivilegierte jüdische Kinder in einem Kindertagesheim im Osten Berlins zu kümmern, und da ich ja auch meinen Lebensunterhalt verdienen mußte, nahm ich eine Stelle an, bei der ich Kriegsgefangenen und deren Familien zu helfen hatte. Durch diese Arbeit wurde mir die Tragödie des Krieges in stärkerem Maße bewußt. Denn niemand aus meiner Familie und auch kein Angehöriger meiner nahen Freunde stand in der Gefahr der Front, und ich konnte mich schwer in etwas einfühlen, was ich nicht selbst so oder so erfahren hatte.

Der Krieg jedoch ging immer weiter. Nachrichten von schweren Verlusten erreichten uns, und die ersten Zweifel an der Gewißheit eines deutschen Sieges regten sich deutlich. All dies, verbunden mit der schweren Verknappung von Nahrungsmitteln und Heizmaterial, führte zu einer wachsenden Depression. Diese wurde im Winter 1917 noch durch den Ausbruch der »Spanischen Grippe« vergrößert. Um mich herum starben viele an dieser Epidemie, besonders junge Menschen, die ich gut gekannt hatte, und dieser Verlust an jungen Menschenleben war auf ganz andere Weise beunruhigend als der Verlust junger Soldaten auf dem Schlachtfeld. Dennoch gelang es mir, eine letztlich hoffnungsvolle Haltung dem Leben gegenüber zu haben, bis ganz plötzlich meine Freundin Lotte starb, wenige Tage nachdem sie sich einer als harmlos angesehenen Operation unterzogen hatte. Offensichtlich hatte der Personalmangel im Krankenhaus zu einer vernachlässigten Versorgung geführt.

Lottes Tod so kurz nach dem Verlust von Gleichaltrigen durch die Grippeepidemie ließ die noch nicht verarbeitete Trauer um meinen Vater erneut ausbrechen. Einige Monate lang war ich sehr niedergeschlagen. Doch dann gewann meine mir angeborene Liebe zum Leben und meine Neugier ihm gegenüber wieder die Oberhand.

Ich genoß meine Arbeit und war auch sehr beliebt und befreundete mich mit einer Kollegin, deren kultivierte liberal-jüdische Familie in der Nähe meines Elternhauses wohnte. Unsere Freundschaft verstärkte sich noch, als ihr Vater im Frühjahr 1918 ganz plötzlich starb. Ihr Bruder Fritz, der Offizier in der deutschen Armee war, kam von der Front nach Hause, aber zu spät für die Beerdigung, was ihn sehr unglücklich machte. Als ich ihn traf, führte unsere gemeinsame Erfahrung von Tod und Verlust sehr schnell zu einer starken Verbindung. Bald darauf mußte Fritz wieder an die Front zurück, und die erzwungene Trennung stärkte unser Bedürfnis füreinander.

Ein paar Monate später war der Krieg vorüber, und Fritz kam nach Hause. Deutschland war besiegt, nach viereinhalb Jahren mit entsetzlichen Verlusten. Das Land, die Soldaten und die Arbeiter rebellierten. Der Kaiser floh nach Holland, und die meisten Fürsten verschwanden – man brauchte sie einfach nicht mehr. Die Sozialdemokratische Partei übernahm die politische Verantwortung, und im November 1918 wurde die Weimarer Republik ausgerufen. Ihre Aufgabe war von Anfang an zum Scheitern verurteilt, hauptsächlich durch die Weigerung der Siegermächte, im Friedensvertrag von Versailles irgendwelche Zugeständnisse zu machen, die es den demokratischen Kräften in Deutschland ermöglicht hätten, Unterstützung zu finden. Statt dessen spielte die zunehmende Hoffnungslosigkeit der Lage den reaktionären und revanchelüsternen Teilen der Bevölkerung in die Hände.

Alle meine Sympathien gehörten der neu proklamierten Weimarer Republik, aber ich war nie politisch aktiv gewesen und schaute auf meine Freunde, um all das besser zu verstehen. Doch die meisten von ihnen waren ebenso unsicher wie ich, besonders die jungen Männer, die aus dem Krieg in ein gedemütigtes Deutschland zurückgekehrt waren. Für sie repräsentierte die Weimarer Republik Hoffnung auf eine bessere Zukunft. Für die Soldaten wie Fritz, deren persönliche Situation sich so grundlegend verändert hatte, war es sehr schwer, sich wieder zurechtzufinden. Seine Familie, an großen Komfort und mehrere Hausangestellte gewöhnt, war plötzlich bettelarm und in keiner Weise gerüstet, mit dieser Situation fertig zu werden. Das Schlimmste aber war, daß Fritz unter diesen Umständen sein Jurastudium nicht fortsetzen konnte, denn er mußte sich sofort nach einer Möglichkeit umsehen, nicht nur seinen eigenen Lebensunterhalt zu verdienen, sondern so weit wie möglich auch den seiner Familie.

In dieser quälenden Atmosphäre wuchs unsere Freundschaft. Meine positive Einstellung gegenüber neuen und herausfordernden Situationen war für Fritz eine Hilfe, und sein klareres Verständnis für politische und soziale Angelegenheiten und Umbrüche und sein pflichtbewußtes Engagement halfen mir, nicht bloß interessierte Zuschauerin zu bleiben. Trotz unserer wachsenden Beteiligung an solchen Belangen fanden wir doch auch Zeit und Kraft, uns unseres Lebens zu freuen. Tonangebend war dabei ein Ereignis wenige Tage nach Fritzens Rückkehr: Ich war zu einem privaten Kostümfest eingeladen, und Fritz begleitete mich. Wir amüsierten uns auf dem Ball und tanzten hinterher bis zum Morgengrauen weiter auf den Berliner Straßen.

Aber obwohl wir bald beschlossen, unser Leben gemeinsam zu verbringen, heirateten wir erst drei Jahre später. Und trotz all der Schwierigkeiten dieser Jahre und trotz der Verwirrung und der Unsicherheit in diesen Nachkriegsjahren waren es persönlich für uns beide sehr gute Jahre. Als wir dann 1922 heirateten, wollten wir sofort eine Familie haben, denn wir beide liebten Kinder. Als ich nicht schwanger wurde, gingen wir hilfesuchend von Arzt zu Arzt. Erst nach einigen Jahren wurde klar, daß meine Fruchtbarkeit durch die Arbeit mit den Röntgenstrahlen zerstört war. Zur Zeit meiner Ausbildung war diese zerstörerische Wirkung der Röntgenstrahlen noch unbekannt gewesen, und so kam es, daß weder ich noch die anderen Kursteilnehmerinnen je Kinder bekommen konnten. Erst später, als genügend Aufmerksamkeit für die Opfer von Röntgenstrahlen in der Öffentlichkeit entstanden war, wurden Sicherheitsmaßnahmen getroffen.

Zu unseren persönlichen Problemen kam noch die allgemeine Verwirrung, die als die »verrückten zwanziger Jahre«

bekannt wurde, die tatsächlich aber bis zum Anfang des Naziregimes andauerte und ihren Einfluß auf die Nachkriegsgeneration ausübte. Auf der einen Seite gab es viel Armut und Arbeitslosigkeit, politischen Aufruhr, eine starke Unsicherheit im Blick auf die Zukunft und eine rapide steigende Inflation, bei der die Familien des Mittelstandes – einschließlich meiner eigenen und der von Fritz – ihr gesamtes Vermögen verloren. Andererseits war Berlin gerade damals kultureller Mittelpunkt Europas mit seinen aufregenden Theatern, hervorragenden politischen Kabaretts und höchsten Leistungen in Musik und bildenden Künsten. Das Bauhaus ist dafür wohl das bedeutendste Beispiel. Nachtklubs schossen wie Pilze aus dem Boden, und die Maskenbälle, oft mehrere in der gleichen Nacht, drückten das Bedürfnis der Menschen aus, eine Zeitlang die Wirklichkeit zu vergessen. Das Geld wurde verschwenderisch ausgegeben. Es war ohnehin am nächsten Tag nichts mehr wert. Im Rückblick ist mir unverständlich, wie wir genügend Zeit und Kraft fanden, diese vergnüglichen Ausbrüche mit unserer Beteiligung an dem Kampf gegen die heranhende Katastrophe zu verbinden.

Es war ein aufregendes Leben, aber es war auch sehr anstrengend; und da Fritz und ich schon immer von einem Leben auf dem Lande geträumt hatten, waren wir froh, als sich uns die Gelegenheit bot, von der hektischen Atmosphäre Berlins etwas Abstand zu bekommen. Im Frühjahr 1925 zogen wir mit Freunden, die zwei kleine Kinder hatten, in ein Haus mit einem großen Garten auf einer Insel bei Potsdam. Dort lebten wir in einem gemeinsamen Haushalt, der sich auf gegenseitiges Vertrauen und Zuneigung aufbaute, ohne jede Theorie über Wohngemeinschaften. Dieser Umzug brachte neue Bedeutung in mein Leben und half mir, die schmerzliche Entdeckung zu überwinden, daß ich keine eigenen Kinder haben konnte. Die innere und äußere Situation des Hauses machte es bald zu einem Treffpunkt und später zu einer Zuflucht für Familienmitglieder und Freunde, ein Ort, der vielen Menschen verschiedenster Herkunft und unterschiedlichster Interessen etwas bedeutete.

Beide Ehemänner arbeiteten weiterhin in Berlin, was für

sie eine lange und ermüdende Fahrt bedeutete; doch half uns das andererseits während der Jahre der Weimarer Republik und ihres Zusammenbruchs und der Zeit des Aufstieges der Nazipartei, mit der aufregenden und bedrohten Stadt in engem Kontakt zu bleiben. Freunde, die wir ohne Rücksicht auf Religion, Rasse oder soziale Gruppe wählten, bereicherten nicht nur unser Leben, sondern sorgten auch dafür, daß wir uns nicht in ein behagliches Landleben zurückzogen und daß wir unsere Verwicklung in die immer drängenderen Probleme aufrechterhielten. Dies galt besonders für Fritzens engsten Freund Saul. Sehr klug, gut informiert und politisch aktiv, steuerte er das bei, was er als »Idiotenstunden« über nationale und internationale Entwicklung bezeichnete. Diese Zusammenkünfte wurden für uns und unsere Freunde zu wichtigen regelmäßigen Attraktionen und trugen zu der Anziehungskraft des Hauses bei. Ich war zu schüchtern, mich an diesen Diskussionen zu beteiligen, und hoffte immer, daß einer meiner Freunde das sagen würde, was ich selbst nicht ausdrücken konnte. Mich verwundert noch immer, daß ich heute in Großbritannien zu großen Gruppen von Menschen sprechen kann – und das in einer Sprache, die mir bis zu einem gewissen Grad fremd geblieben ist – und daß mir das sogar Spaß macht.

Obwohl Fritz und ich im Temperament sehr verschieden waren, hatten wir doch in vieler Hinsicht die gleiche Einstellung zum Leben. Wir waren beide Sozialisten, Fritz viel besser informiert und stärker beteiligt als ich; wir stammten beide aus jüdischen Familien, waren aber ohne jüdische Tradition und gehörten nicht zu einer jüdischen Gemeinde; wir hatten beide viele nichtjüdische Freunde, und bis dahin hatten wir auch kaum Antisemitismus erfahren. Ich war dem Antisemitismus in meiner Jugend nur ein einziges Mal direkt begegnet, als ich nämlich meinen damals achtjährigen Bruder Oscar in den Armen seines besten Freundes fand, der aus einer adligen Familie stammte. Beide schluchzten untröstlich. Denn die Eltern des Freundes hatten ihm nicht erlaubt, einen jüdischen Jungen zu seinem Geburtstag einzuladen.

Als Oscar kurz nach Kriegsende die Schule verließ, fragte ihn sein Direktor, ob er sehr bekümmert sei, daß Karlsbad und

das Sudetenland nun zur Tschechoslowakei komme und nicht –
wie man wohl erwartet hatte – zu Deutschland. Oscar erwiderte
ihm, er glaube an den Völkerbund und hoffe, daß die Bedeut-
samkeit nationaler Grenzen sich zunehmend verringere. Darauf sagte sein Direktor prompt: »Das glaubst du, weil du Jude
bist und nie ein wirklicher Deutscher werden kannst, der
nationale Oberhoheit schätzen kann.« Oscar hatte vorgehabt,
Jura zu studieren und Richter zu werden; nach dieser Unterhaltung aber fühlte er, daß er niemals deutsches Recht vertreten
könne.

Fritz war Offizier in der deutschen Armee gewesen und
fühlte sich völlig als Deutscher, genauso wie die meisten seiner
Freunde. Während der zwanziger Jahre hatten wir keinen
Grund, uns jemals als Außenseiter zu betrachten. Im Gegen-
teil: Wir fühlten uns als wichtige Mitglieder des Teils der
deutschen Bevölkerung, der für ein demokratisches Deutschland arbeitete. So kam es, daß wir trotz vieler warnender
Zeichen, die auf eine Entwicklung in entgegengesetzter Richtung wiesen, erschreckt und überrascht waren, als die Nazis am
30. Januar 1933 an die Macht kamen.

Wie unvorbereitet wir waren, kann man daraus ersehen,
daß wir noch in der Nacht vor diesem unvergeßlichen Datum,
das unser Leben und das Gesicht der Welt verändern sollte, auf
ein Kostümfest in der Kunstakademie gingen, wo viele linksge-
richtete Künstler wie Käthe Kollwitz und Ernst Barlach ihr
Atelier hatten. Bald nach Mitternacht erschien plötzlich ein
Trupp Uniformierter, und die Tanzenden, die keine Ahnung
davon hatten, was sich in den letzten Stunden ereignet hatte,
glaubten zunächst, es seien Kostümierte. Aber diese Männer,
die ersten Mitglieder der Gestapo, denen wir begegneten,
machten uns ihre wirkliche Identität mit großer Brutalität klar.
Sie trieben die Tanzenden hinaus und versiegelten die Studios.
Dies war das Ende des Kostümfestes und von vielem anderen.

Obwohl die konservative Potsdamer Bevölkerung und die
örtliche Polizei nur sehr zögernd dem neuen Regime Gefolg-
schaft leisteten und die wenigen jüdischen Einwohner nach
Möglichkeit beschützten, erregten die Besuche von Kommuni-

sten und sehr links eingestellten Sozialisten in unserem Haus die Aufmerksamkeit der Gestapo. Es kam zu häufigen Durchsuchungen, und nach dem Reichstagsbrand wurden Freunde, die bei uns Zuflucht gesucht hatten, in unserem Haus verhaftet.

In dem Maß, wie die Verfolgung der Juden zunahm, verstärkte sich auch unsere Identifikation mit den Verfolgten. Das Haus wurde immer mehr zu einer Zuflucht für Menschen, die sich in ihren eigenen Häusern bedroht fühlten. Daß Fritz und ich nicht »jüdisch« aussahen, war mit ein Grund, daß wir auf vielerlei Weise helfen konnten. So brachten wir zum Beispiel Gefährdete zu ihren Verstecken, entfernten gefährliche Schriften aus ihren Wohnungen, oder wir halfen, sie über die Grenze zu bringen. Ich arbeitete damals in der Praxis eines Radiologen, die sich in einem Eckhaus im Berliner Westen befand. Dort richteten eine nichtjüdische Kollegin und ich eine Suppenküche für Leute ein, die nicht mehr wagten, einkaufen zu gehen oder ein Restaurant zu betreten. Unser nichtjüdischer Chef tat so, als merke er nicht, was da vor sich ging.

Von 1937 an, als ein jüdisches Internat in unserer Nachbarschaft schließen mußte, nahmen wir Kinder bei uns auf – manchmal bis zu zwanzig –, deren Eltern entweder in Konzentrationslagern waren oder ihren Haushalt schon aufgegeben hatten, um auszuwandern. Mit all dem waren Fritz und ich so beschäftigt und fühlten wir uns so unentbehrlich, daß wir überhaupt nicht daran denken konnten, auszuwandern, bis zur »Kristallnacht«, dem Pogrom im November 1938, als die Synagogen verbrannt, jüdische Häuser und Grundstücke zerstört und unzählige Juden verhaftet und angegriffen wurden. Es wurde klar, daß auch für uns Emigration die einzige Alternative zum Konzentrationslager war.

Eine nette Froebel-Lehrerin erklärte sich bereit, für die Kinder zu sorgen, die vorerst noch in unserem Haus bleiben mußten. Alle kamen in den nächsten Monaten in Sicherheit. Wir mußten uns um keine zurückbleibenden Angehörigen sorgen, denn die beiden Schwestern von Fritz und meine beiden Brüder hatten Deutschland bereits verlassen, ebenso die Freunde, mit denen wir das Haus geteilt hatten. Meine

Mutter war schon 1930 in Karlsbad gestorben, umgeben von ihren drei Kindern. Ihr friedliches Sterben erneuerte die Bindung zwischen uns. Fritzens Mutter, die zu uns gezogen war, als sie unheilbar krank wurde, starb 1937 einen bewußten und strahlenden Tod in einem Zimmer voller Blumen, die sie zu ihrem siebzigsten Geburtstag bekommen hatte. Sie war zeitlebens eine verängstigte, hilflose Frau gewesen, bange vor dem Leben, und dennoch wurde ihr Tod für alle, die ihn miterleben durften, zu einer unvergeßlichen Erfahrung. Für mich war dieser Tod eine erneute Bestätigung dafür, daß der Tod eher als Freund denn als Feind verstanden werden sollte.

Während der »Kristallnacht« kamen Polizisten auch in unser Haus, um Fritz zu verhaften. Er war glücklicherweise nicht zu Hause. Aber diese Warnung veranlaßte ihn, sich zu verstecken. Er blieb in dem Versteck, bis unsere britischen Visa eintrafen. Diese hatten Fritzens Schwester und deren Mann durch einen einflußreichen britischen Bekannten besorgt, und wir erhielten sie durch dessen Einfluß überraschend schnell. Nicht nur wir und unsere deutschen Freunde, sondern offensichtlich auch die Potsdamer Polizei waren höchst erleichtert, als wir anfangen konnten, die notwendigen Formalitäten für unsere Auswanderung zu arrangieren. Im Februar 1939 hatten wir alle Papiere beisammen. Zu diesem Zeitpunkt waren die Auswanderungsgesetze verschärft worden, und wir durften nur zehn Reichsmark und ein winziges Köfferchen mitnehmen, in dem wir keine Wertsachen haben durften. Aber materielle Dinge zu verlieren schien uns in diesem Augenblick nicht sehr wichtig, wenn wir auch beide einen bestimmten Verlust besonders beklagten: Für Fritz war das sein großer Flügel, denn es hatte ihn immer belebt, auf ihm vor allem Musik von Bach zu spielen; und mir fiel es besonders schwer, meinen Garten aufzugeben, den ich selbst angelegt und so geliebt hatte, daß ich niemals mehr Freude an Gartenarbeit fand.

Wenn auch die Erleichterung groß war, daß wir jetzt den Schrecken der letzten Monate (oder vielmehr der letzten sechs Jahre) entkamen, wurde die eigentliche Abreise noch zu einem Alptraum. Eine ganze Versammlung von Freunden hatte sich am Flughafen eingefunden, viele unter Mißachtung der Gefahr für ihre eigene Sicherheit. Sie zu verlassen, ohne zu wissen, ob wir uns jemals wiedersehen würden, war sehr schmerzlich, besonders der Abschied von Saul, der sich trotz der Angebote mehrerer Stellen im Ausland weigerte wegzugehen, weil er das Gefühl hatte, daß die Juden, die in Deutschland bleiben mußten, ihn nötig brauchten. Unser Abschied wurde von einem Beamten schroff abgebrochen. Er brachte uns getrennt zu einer besonderen Kontrolle, die auch eine Untersuchung all unserer Körperöffnungen mit einschloß. Man wollte sichergehen, daß wir sie nicht als Versteck für uns gehörende Juwelen oder Geld benutzt hätten. Für diese Leibesvisitation wurde der planmäßige Abflug einer Linienmaschine um eine volle Stunde verzögert.

Als wir schließlich im Flugzeug saßen, waren wir erschöpft, aber voll Vertrauen auf das neue Leben. In London wurden wir von Fritzens Schwester und Schwager begrüßt, die kürzlich aus China zurückgekehrt waren, und das nahm uns etwas das Gefühl der Fremdheit. Sie luden uns ein, mit ihnen zusammen in einer Pension zu wohnen, bis es unser britischer Bürge für uns arrangieren konnte, in ein kleines Dorf nach Wales zu ziehen, wo er ein Arbeiter-College gegründet hatte. Er wußte, daß es für uns unmöglich sein würde, eine Arbeitserlaubnis zu bekommen, und daß das Leben in London schwierig und teuer sein würde. Das College war herrlich gelegen mit Blick über Meer und Berge, und das Zusammenleben mit den walisischen Arbeitern war für uns eine neue und aufregende Erfahrung. Ich half in der Küche mit, und Fritz erledigte alle möglichen Gelegenheitsarbeiten – selbstverständlich ohne Bezahlung. Wir aßen im College, und unser Bürge sorgte für einen Zuschuß, der uns mit dem wenigen Geld, das wir brauchten, versorgte. Wir liebten die herrliche walisische Landschaft und die Leute in Wales.

So ganz ohne Besitz zu sein erwies sich als großer Segen. Wir hatten fünfzehn Jahre lang in unserem Inselhaus gelebt, in dem wir sehr vielen Menschen Gastfreundschaft erweisen konnten. Wir waren sowohl beruflich wie auch persönlich bekannt gewesen und hatten weitreichende Kontakte. Das war nun alles vorbei, und wir mußten in einem fremden Land ein neues Leben anfangen ohne all das, was uns mit einem sozialen und materiellen Rahmen versehen hatte. Das war eine enorme Herausforderung für uns, denn wir hatten jetzt nichts als unsere individuellen Persönlichkeiten, um Verbindungen herzustellen. Als wir dieses neue Leben begannen, war Fritz fünfundvierzig und ich vierzig Jahre alt. Wir waren völlig abhängig von der Gastfreundschaft und den Wohltaten anderer, hatten aber aufregende neue Eindrücke, die unsere Neugier und unsere Phantasie anregten.

Als im September 1939 der Krieg ausbrach, wurden wir um Freunde und Verwandte in Deutschland und in den von den Nazis besetzten Ländern sehr besorgt, aber empfanden gleichzeitig eine große Erleichterung, denn der Krieg schien die einzige Hoffnung, dem Naziregime ein Ende zu bereiten. Unser eigener Status veränderte sich von dem der Flüchtlinge vor Unterdrückung zu dem von feindlichen Ausländern. Dies bedeutete, daß unsere Bewegungsfreiheit eingeschränkt wurde. Wir hatten uns regelmäßig bei der freundlichen Ortspolizei zu melden, und nach einiger Zeit wurde Fritz interniert und blieb es neun Monate lang. Unsere walisischen Bergleute wurden einberufen, und das College wurde von Abteilungen der Universität Liverpool übernommen, die mir eine Stelle als Assistentin der Hausverwalterin mit einem kleinen Gehalt anbot. Nach einiger Zeit sagte man mir, daß es nicht mehr möglich sein würde, meine Beschäftigung fortzusetzen, weil ich feindliche Ausländerin sei. Meine Stelle zu verlieren hätte erhebliche Probleme geschaffen, denn ich brauchte jetzt etwas Geld, um es Fritz und meinen beiden Brüdern zu schicken, die ebenfalls nach Wales gekommen waren und interniert worden waren. Glücklicherweise fanden die Mitarbeiter des College einen Ausweg, und ich konnte bleiben.

Es war sehr wohltuend, daß unser veränderter Status das Vertrauen und die Zuneigung nicht beeinträchtigten, die uns die walisische Bevölkerung entgegenbrachte, aber auch die wegen des Krieges anwesenden Besucher aus England. Die Freundschaften, die wir in dieser schwierigen Zeit schlossen, wurden unser größter Gewinn, und sie trugen viel dazu bei, daß wir beide aus diesen Schwierigkeiten mit gesteigerter innerer Sicherheit und unvermindertem Lebensmut hervorgingen.

Als der Krieg vorbei war, wurden wir britische Bürger, durften bezahlte Arbeit annehmen und mußten nach London ziehen. Fritz wurde bei der BBC angestellt, und ich hatte das unglaubliche Glück, eine Stellung als Sozialarbeiterin angeboten zu bekommen. Ich wäre nie auf den Gedanken gekommen, mich um eine solche Arbeit zu bewerben, da ich ja keinerlei akademische Qualifikation dafür hatte. Aber ich wußte sehr bald, daß ich meinen echten Beruf gefunden hatte. Fünf Jahre später wurde mir vorgeschlagen, an einem Experiment teilzunehmen, in dem neue Methoden der Sozialarbeit und Psychotherapie bei Eheproblemen verwendet wurden. Diese Arbeit, durch die sich meine eigene Selbsterkenntnis erhöhte, ist wahrscheinlich der Hauptfaktor, der mein hohes Alter gestaltet hat.

Die positiven Entwicklungen in unserem persönlichen Leben waren überschattet von den grauenvollen Nachrichten, die uns gegen Kriegsende erreichten. Der Mord an sechs Millionen Juden, der Tod von Verwandten und Freunden – darunter auch der Sauls – in den Konzentrationslagern, das Maß der Zerstörung in Europa, die Tatsache von Hiroshima – all das zeigte das wachsende Ausmaß menschlicher Aggression und verdunkelte die Hoffnung auf einen dauernden Frieden. Fritz litt so sehr unter diesen beunruhigenden Entwicklungen, daß er anfing, Krankheitssymptome zu zeigen. In der Nacht der Friedensfeier, als wir vom Dach des BBC-Gebäudes aus dem Feuerwerk zusahen, wurde er plötzlich ohnmächtig und mußte ins Krankenhaus gebracht werden. Bald darauf stellte sich heraus, daß er ernstlich krank war, aber erst 1952 bei der ersten von vielen Operationen wurde Krebs diagnostiziert. Wir teilten das Wissen um seine tödliche Krankheit vom ersten Moment an, und Fritz lebte weitere elf Jahre, voller Interesse am Leben und an der Welt, voller Liebe und Zärtlichkeit, und behielt bis zuletzt seinen Humor. Er starb zu Hause im Mai 1963 und war bis zum allerletzten Moment bei Bewußtsein. Es war ein triumphierender Tod.

Während der langen Jahre von Fritzens Krankheit war es natürlich schwer, die Fürsorge für ihn mit meiner Arbeit zu vereinbaren. Diese stellte zunehmende Ansprüche an mich, aber bot mir auch wachsende Befriedigung. Fritz teilte meine Erfahrungen mit größtem Interesse, aber besonders in den letzten Jahren war es ihm sehr wichtig, daß seine Krankheit meine Karriere nicht zu sehr beeinträchtigte, da er ganz richtig voraussah, daß die Arbeit meine größte Hilfe sein würde, wenn er mich verlassen mußte. Nach seinem Tod arbeitete ich besonders hart: zum Teil, weil das ein Bedürfnis für mich war, zum Teil aber auch, um sein Interesse zu rechtfertigen, das ihn ja oft meiner Gesellschaft beraubt hatte. Ich fühlte, ich mußte ihm beweisen, daß sein Opfer sich gelohnt hatte. Und indem ich dies tat, wurde die Genugtuung aus meiner Arbeit noch größer. Ich setzte sie fort, bis ich fünfundsiebzig Jahre alt war. Dann hatte ich das Gefühl, es sei Zeit aufzuhören. Obwohl ich bereits eine kleine psychotherapeutische Praxis eingerichtet hatte, fand ich den Entschluß, meine Arbeitsgemeinschaft und meine Kollegen zu verlassen, doch sehr schwer.

Meine Drepression dauerte nur drei Tage. Denn dann kam ein Brief von einem amerikanischen Verleger, der mich bat, für ihn zu schreiben. Dieses völlig unerwartete Ereignis war der Anfang einer neuen Karriere. Denn obwohl ich schon früher zusammen mit meinen Kollegen zu verschiedenen Veröffentlichungen beigetragen und mir das viel Spaß gemacht hatte, wäre ich nie auf den Gedanken gekommen, mich selbst als Schriftstellerin zu fühlen. Das erste Buch, das ich aus einem tiefen persönlichen Bedürfnis heraus schrieb, aber ohne jede literarischen Ambitionen, war über Tod und Trauer. Es wurde zu einer Zeit veröffentlicht, in der das Todestabu gerade anfing, sich etwas zu vermindern, und schien in der ganzen Welt das Bedürfnis vieler Menschen zu treffen (. . . *bis daß der Tod euch scheidet. Zur Psychologie des Trauerns*, DVA, Stuttgart, 1977). Durch diesen Erfolg ermutigt, schrieb ich weitere Bücher über menschliche Probleme, die mir in meiner Arbeit begegnet waren (*Geheimnisse in der Familie*, DVA, Stuttgart, 1978). Mit jedem Buch lernte ich etwas mehr über mich selbst und besonders auch für diese Arbeit über das hohe Alter.

Jetzt, mit dreiundachtzig Jahren, lebe ich allein in der Wohnung, in der Fritz starb, in einem Haus mit freundlichen und hilfreichen Nachbarn und einem schönen Blick über weite grüne Felder. Eine Frau, selbst schon in den Siebzigern, kommt dreimal die Woche für eine oder zwei Stunden zu mir, putzt meine Wohnung und besorgt die Wäsche. Es gibt vieles, das weder sie noch ich tun kann, etwa auf eine Leiter steigen oder alles das, was einen festen Zugriff braucht. Sie kommt seit mehr als zwanzig Jahren zu mir; ich schätze ihre Hilfe, und wir kümmern uns umeinander.

Trotz all des Positiven, das mich umgibt, ist es keineswegs immer einfach, allein zu leben, besonders weil ich gegenüber technischen Problemen völlig hilflos bin. Gesundheitlich geht es mir recht gut, mit Ausnahme eines leichten Rheumatismus und einer wachsenden Unzuverlässigkeit der Verdauungsfunktionen. Ich kann sehen und hören, wenn auch nicht mehr so gut wie früher, aber immer noch so gut, daß es mich nicht weiter stört. Meine wirkliche Schwierigkeit sind meine Beine, die ziemlich wacklig sind. Ich muß aufpassen, nicht hinzufallen, und nehme einen Stock, wenn ich mir nicht sicher bin. Kürzlich konnte ich an einem kalten Wintermorgen ein Fenster nicht von innen schließen und ging im Nachthemd auf den Balkon, um es von außen zu versuchen. Dabei stürzte ich und konnte mich nicht mehr hochrappeln. Es war bitter kalt, und ich fühlte mich völlig hilflos. In dieser Lage fiel mir plötzlich ein Fernsehprogramm ein, ein Interview mit der Schauspielerin Edith Evans, die auch über achtzig ist. Auf die Frage, was denn für sie im hohen Alter am schwierigsten sei, sagte sie: »Das Hinfallen«, und an die Zuschauer gewandt fügte sie hinzu: »Sie werden auch mal hinfallen, da läßt sich nichts machen. Aber wenn sie hinfallen, versuchen Sie bloß nicht aufzustehen, blieben Sie, wo Sie sind.« In meiner Lage fand ich diesen Rat so komisch, daß ich lachen mußte, und plötzlich fand ich die Kraft, mich ins Zimmer zurückzurollen.

Geschlafen habe ich immer gern, und im großen und ganzen habe ich einen guten Schlaf. Es fällt mir neuerdings eher schwer, nicht ständig einzunicken, wann immer ich mich hinsetze. Die Versuchung ist groß, dem einfach nachzugeben, aber ich weiß, wie gefährlich das ist. Denn es kann ganz leicht das Ende eines aktiven Lebens bedeuten, einer der Hauptvoraussetzungen für ein gutes hohes Alter. Abgesehen von diesem Kampf gegen allzu häufiges Einschlafen nehme ich meine verschiedenen Altersschwächen nicht allzu ernst, etwa Dinge zu verlieren oder zu verlegen, sie fallen zu lassen, etwas zu verschütten oder vieles zu vergessen. Ich halte es mit Professor Richard Doll, der, selbst schon fast siebzig, meint: »Menschen über fünfundsechzig sollten bereit sein, den Tod zu akzeptieren, aber sie sollten dabei ganz und gar lebendig sein und Freude am Leben haben, anstatt zu versuchen, etwas länger zu leben. Die Alten haben die Pflicht, gefährlich zu leben, anstatt von der Gesundheitsfürsorge zu erwarten, daß sie einen Haufen Geld dafür ausgibt, sie noch etwas länger am Leben zu erhalten.« (Zitiert nach Morton Puner.)

Es fällt mir nicht schwer, um Hilfe zu bitten, wenn ich sie brauche. Neulich hatte ich einen ziemlich weiten Weg zu machen und obendrein eine schwere Tasche zu tragen. Plötzlich konnte ich einfach nicht mehr weiter. Keine Bank war in Sicht, kein Platz zum Ausruhen, und der einzige Mensch, der vorbeikam, war ein ungefähr zwölfjähriger Schuljunge. Als er in meine Nähe kam, fragte ich ihn, ob er seine gute Tat für heute tun wolle und mir die Tasche trage. Brummig nahm er sie erst, dann nach ein paar Schritten nahm er meinen Arm, und noch ein paar Schritte weiter befahl er: »Stehenbleiben und tief atmen!« Ich tat das auch folgsam, was ihm offensichtlich gefiel, denn er wiederholte seinen Befehl alle paar Schritte. Als ich ihm schließlich sagte, ich sei jetzt wieder bei Kräften, bestand er darauf, mich bis in das Haus zu bringen, wo ich hin wollte. Bei dieser wie bei ähnlichen Gelegenheiten schien mir solche Hilfe von Jungen für Alte für beide gleich nützlich und lehrreich.

Ich bin glücklich, Freunde jeden Alters zu haben, denn ich meine, daß ein Leben nur mit Gleichaltrigen die Beschäftigung mit Altersleiden und -problemen verstärkt und zu der Art Abgesondertheit führt, die das Leben verengt. Ich hoffe, weiter mit jungen und alten Menschen in gegenseitig hilfreichen Beziehungen zu leben und vielleicht ein wenig dazu beizutragen, die oft irrationale Angst vor hohem Alter und dem Altern zu verringern. (Weitere biographische Details finden sich in: *Lily Pincus, Verloren – gewonnen. Mein Weg von Berlin nach London*, DVA Stuttgart, 1980.)

VERLUST-
ERFAHRUNGEN
IM LEBENSZYKLUS

Über mein eigenes Leben habe ich im ersten Kapitel berichtet als über ein schönes, reiches, langes Leben trotz all der schweren Zeiten – oder vielleicht gerade deswegen? Ist es das Bewältigen schwerer Zeiten, das Bewältigen von Verlusten, das dazu hilft, daß hohes Alter mit seinen unvermeidlichen Schwierigkeiten und Verlusten positiv bewältigt werden kann? Diese Frage stellte sich mir nicht nur durch das Betrachten meines eigenen Lebens, sondern immer wieder auch durch andere Lebensgeschichten:

Beates Leben ist sehr verschieden von meinem, außer daß auch sie viele Verluste zu erleiden hatte. Sie ist fünfundsiebzig Jahre alt und seit achtzehn Jahren verwitwet. Sie verdient sich zu ihrer Altersrente etwas hinzu, indem sie an drei Vormittagen in der Woche in anderen Haushalten aushilft, bei Leuten, für die sie seit Jahrzehnten gearbeitet hat. Obwohl sie jetzt sehr leicht müde wird und vieles nicht mehr tun kann, wird sie von allen, bei denen sie arbeitet, sehr geschätzt und als Freundin betrachtet. In ihrer freien Zeit kümmert sie sich um einen behinderten Bruder und eine kranke Schwester, die einzigen Überlebenden ihrer neun Geschwister, und sie verbringt viel Zeit mit den Kindern ihres jüngsten Bruders, der vor einem Jahr gestorben ist. Ihre Hauptsorge ist immer, daß sie an ihre verschiedenen Neffen und Nichten keine Ansprüche zu stellen braucht, obwohl sie weiß, wie gern die sie haben und wie bereitwillig sie ihr helfen oder ihr ein Vergnügen machen, das sie dann mit erstaunlicher Gabe zu genießen weiß. Denn trotz ihres schweren Lebens und ihrer sehr geringen Mittel hat sie eine Fähigkeit, sich zu freuen, die fast unglaublich ist. Sie hat neben ihrer kleinen Rente kein anderes Einkommen als das bißchen Geld, das sie bei ihren Putzarbeiten verdient, und wehrt sich da auch noch gegen eine angemessene Entlohnung.

Wenn man ihre Lebensgeschichte anhört, dann ist es schwer zu verstehen, woher sie diese freudige Einstellung zum Leben hat, diese Wärme, diese Zufriedenheit und diese Fähigkeit zu lieben. Sie war die Zweitjüngste der Familie und hatte noch einen Bruder, der achtzehn Monate nach ihr geboren wurde. Ihr Vater arbeitete bei der Eisenbahn und vertrank oder verspielte das meiste Geld, das er verdiente, so daß die

Mutter als Putzfrau in Schulen arbeiten gehen mußte. Das hieß, daß sie jeden Morgen um fünf Uhr früh aufstand und den ganzen Tag Steinfußböden scheuerte – eine schwere Arbeit! Das war offensichtlich zu viel für sie. Die Kinder waren sehr auf sich selber angewiesen. Das war gut. Denn als Beate fünf war, erkrankte die Mutter an Krebs und starb, als das Kind sieben Jahre alt war. Der Vater wollte die fünf schulpflichtigen Kinder in ein Heim geben, aber die älteste Tochter ließ das nicht zu und übernahm die Fürsorge für die jüngeren Geschwister. Sie waren bettelarm, und an den Zahltagen gingen sie oft auf die Bahn, um dem Vater wenigstens etwas von dem Geld abzunehmen, bevor er alles verspielte und vertrank. Trotzdem erzählt Beate gern, daß eine blinde Nachbarin zu sagen pflegte, was für ein Glück es sei, neben diesen Kindern zu wohnen, deren Lachen sie am Leben erhielt.

Mit vierzehn Jahren verließ Beate die Schule und arbeitete in einer Fabrik, wo sie sich gleich in einen um ein Jahr älteren Jungen verliebte. Zwölf Jahre lang waren sie sehr befreundet, und dann heirateten sie und lebten mit seiner Familie. Ihr Mann war sehr zart und litt an Bronchialasthma. Bestenfalls konnte er sehr leichte, schlechtbezahlte Arbeit tun, meist jedoch war er auf der Krankenliste. Nach dem Tod der Schwiegermutter blieb der Vater bei dem jungen Ehepaar wohnen. Er war ebenfalls sehr krank und arbeitsunfähig. Beate mußte so immer sehr früh aufstehen, um die beiden Männer zu versorgen und sich um den Haushalt zu kümmern, bevor sie zur Arbeit ging. Aber sie beklagte sich nie, und trotz dieses scheinbar doch so schweren Lebens war sie immer voller Lebensfreude und hatte einen großen Sinn für Humor.

Als ihr Mann und der Vater innerhalb weniger Monate starben, erbte ein Schwager das Haus, in dem Beate während ihrer ganzen Ehe gelebt hatte. Er verkaufte es, und sie mußte ausziehen, zum Entsetzen aller, die sie kannten und mochten. Ein anderer Verwandter stellte ihr zwei Zimmer in einem abbruchreifen Altbau zur Verfügung. Als es dann zum Abbruch dieses Hauses kam, wurde Beate wie durch ein Wunder sehr schnell eine Sozialwohnung angeboten, auf die sie sehr stolz ist. Sie ist enorm gastfreundlich; Arme, Alte oder

Kranke, Verwandte, Freunde oder Nachbarn sind immer willkommen, selbst wenn sie nur zu einer Tasse Tee kommen oder einem kleinen Schläfchen an ihrem Kamin. Wenn sie auch den Verlust ihres Mannes immer noch betrauert und oft über ihre zunehmenden körperlichen Beschwerden sehr betroffen ist, bleibt doch ihre Hauptsorge, niemals jemanden im Stich zu lassen, der ihre Hilfe braucht. Sie kommt mit ihrem geringen Einkommen und ihrer Zeit gut aus, ist immer wieder bereit, das Positive in ihrem Leben hervorzuheben, und wird ärgerlich, wenn sich andere alte Leute über ihre Alterssituation beklagen.

Will man verstehen, weshalb manche Menschen ein gutes, glückliches und erfülltes Alter haben und andere nicht, dann darf man das Alter nicht isoliert betrachten oder unter bloß allgemeinen Gesichtspunkten, sondern muß es als Teil des individuellen Lebenszyklus sehen. Ich hoffe, daß Beates Lebensgeschichte wie auch meine eigene dem Leser meine Überzeugung verdeutlicht hat, daß unsere Fähigkeit, mit Verlust und Trennung fertig zu werden, Grundlage für die Entwicklung unserer Persönlichkeit ist und unseren Wachstumsprozeß vom ersten bis zum letzten Atemzug bestimmt.

Das Leben bringt ständige Veränderungen mit sich, und jede Veränderung, jedes Aufgeben einer vertrauten Situation für eine unbekannte neue kann zu einer Krise führen. Nicht nur schwere Krankheiten, körperlicher Verfall, der Verlust eines Gliedes, des Augenlichts oder des Gehörs, ein Stellenwechsel, die Pensionierung oder ein Umzug können solche Verlustkrisen bedingen, sondern ebenso solche Ereignisse wie Hochzeit, die Geburt von Kindern, der Auszug von Kindern, einschneidende Trennungen und besonders Tod und schmerzlicher Verlust. Eric Ericson nennt solche Krisen »Wendepunkte, die im Leben einer jeden Familie und eines jeden Einzelmenschen vorkommen, kritische Perioden einer sich verstärkenden Verwundbarkeit und erhöhter Leistungsfähigkeit«. Jede durch einen Verlust verursachte Krise, die bewältigt wird, hilft bei der Überwindung späterer Krisen; das Aufgeben des Vertrauten wird dann nicht bloß als Verlust erfahren, sondern kann durch die Annahme der neuen Situation auch als eine Herausforderung verstanden werden, die eine mögliche Reifung mit sich bringt.

Diese Entwicklung beginnt mit der Geburt, bei der der Säugling die Ruhe, Wärme und Sicherheit des Mutterschoßes verliert. Was diese erste Krise bestimmt, zeigen Photographien von schreienden, fassungslosen, neugeborenen Babys, die in so dramatischem Gegensatz zum Bild der stolzen, freudestrahlenden Eltern und der hochbefriedigten Hebamme und Ärzte stehen. Dr. Frederic Leboyer hat in seinem Film und Buch *»Die sanfte Geburt«* gezeigt, daß Geborenwerden keine so schreckliche Erfahrung zu sein brauchte. Er ist fest davon überzeugt, daß dann, wenn diese erste Krise, dieser erste Schritt ins Unbekannte zu einem ruhigen, friedlichen und behaglichen Erlebnis gemacht wird, es auch wahrscheinlicher ist, daß das neue Wesen seine Reise ins Leben voller Vertrauen antritt. So ein Lebewesen hat dann nicht nur eine bessere Chance, die unvermeidlichen Krisen, die jedes Leben ständig bringt, zu überwinden, sondern wird dank seiner Bereitschaft, Veränderungen vertrauensvoll anzunehmen, in ihnen neue Genugtuung und neuen Gewinn finden, die den Verlust wettmachen.

Selbst in diesem allerersten Augenblick kann man nicht isoliert von dem Neugeborenen sprechen, sondern es geht immer um die Mutter und das Baby; denn in all den anderen Entwicklungsphasen, in all den mannigfaltigen Krisen unseres Lebens ist der wichtigste Faktor, der das Ergebnis bestimmt, unsere persönliche Beziehung, unsere Interaktion mit den Menschen, die uns am nächsten stehen. Denn das, was alte Menschen vom ersten bis zum letzten Atemzug am nötigsten brauchen, sind bedeutsame persönliche Beziehungen, sie zu schaffen und aufrechtzuerhalten. Die Fähigkeit zu solchen Beziehungen ist der Schlüssel zum Leben und zur Reifung. Das bleibt so während des ganzen Lebens und vor allem in der anderen wichtigsten Krise im Leben, dem Sterbevorgang. Denn die Beschaffenheit des Sterbens hängt ganz und gar davon ab, sich geliebt zu wissen und selbst zu lieben, und von der Atmosphäre, die den Sterbenden umgibt, von der Unterstützung der Menschen, die mit ihm sind.

Die Bewältigung des Todes wird natürlich auch von früheren Erfahrungen beeinflußt werden, wie Krisen da vor sich gingen, und von den früheren Erlebnissen, die uns in unbekannte Situationen führten. Während des ganzen Lebens haben wir mit solchen Verlusten fertig zu werden. Und selbst solche Situationen, die in unserer Gesellschaft freudig gefeiert werden, wie etwa die Schulentlassung oder der Abschluß einer Ausbildung, die Eheschließung oder Elternschaft, bedeuten, daß wir etwas aufzugeben haben. Denn bei jedem dieser freudigen Ereignisse gewinnen wir nicht nur etwas, wir verlieren zugleich. Eine Verleugnung des Verlustes heißt die Vergangenheit zu entwerten und macht es unmöglich, um das zu trauern, was wir verloren haben. Die Verleugnung von Verlusten führt oft zu emotionalen Störungen.

Ich weiß, daß es schwierig ist, anzuerkennen, daß etwa die Geburt, durch die doch das Leben gewonnen wird, einen Verlust bedeuten soll. Ebenso schwer kann es fallen, den Gedanken des Verlustes mit der so wichtigen Wachstums- und Entwicklungsphase in Verbindung zu bringen, die im Alter zwischen zweieinhalb und fünf Jahren vor sich geht (die ödipale Phase), wenn das Kind die ausschließliche Zweipersonenbeziehung mit der Mutter aufgeben muß und sich gleichzeitig bewußt wird, daß es Unterschiede zwischen Mann und Frau, zwischen Mutter und Vater gibt. Diese Erfahrung von Unterschieden kann mit einer solchen Intensität von Gefühlen verbunden sein, daß sie oft eine Konfliktursache für das Kind wie auch für seine Eltern bildet.

Wie bedeutend diese Entwicklungsphase ist, ist oft schwer zu verstehen, und ich möchte sie deshalb mit einem kurzen Beispiel illustrieren: Eine junge Mutter kam, mich um Rat zu fragen. Sie war tief betroffen davon, daß ihr Mann sie nicht mehr liebe. Er arbeite lange, und wenn er nach Hause komme, begrüße er sie nie, sondern gehe gleich ins Schlafzimmer ihrer kleinen Tochter, die jetzt drei Jahre alt ist, und stehe bewundernd an ihrem Bett. Wenn sie sich beklage, daß er sie vernachlässige, habe er dafür nicht das mindeste Verständnis, und sie wisse überhaupt nicht, was sie machen solle. Sie kam zu einer Reihe von Sitzungen, um über ihre Probleme zu sprechen, und erinnerte sich dann an ihre eigene enge Beziehung zu ihrem Vater (sie war das einzige Kind), und wie eifersüchtig ihre Mutter oft auf die Zärtlichkeit zwischen Vater und Tochter gewesen war. Nach dieser Sitzung hatte sie einen Traum, in dem ihr Vater, der schon vor ihrer Hochzeit gestorben war, ihr erschien und mit sehr verführerischem Lächeln immer um ihr Bett herumging. Als wir uns über den Traum unterhielten, stellte sie von selbst die Verbindung her zwischen ihrer eigenen Kindheit und ihrem Gefühl über die liebevolle Beziehung zwischen ihrem Mann und ihrer kleinen Tochter. Dadurch war es ihr möglich, mit ihrem Mann nicht mit Vorwürfen, sondern mit Verständnis zu sprechen. Er war auch ein einziges Kind, nach dem Tode seines Vaters geboren, und sehr eng an seine Mutter gebunden. Die Mutter lebte im Ausland, und er war sehr froh, durch seine Frau von seiner Mutter getrennt zu werden. Es war eine sehr glückliche Ehe, bis die ungelösten Gefühle zu seiner Mutter durch seine verführerische kleine Tochter wieder aufgeweckt wurden. Es war eine enorme Hilfe für dieses junge Paar, dies zu verstehen und darüber zu sprechen, daß sie sich wahrscheinlich gegenseitig gewählt hatten, um in dieser Ehe dieselben Konflikte zu lösen. Wir dürfen hoffen, daß die Fähigkeit dieser beiden Menschen, sich ihre inzestuösen Phantasien mitzuteilen, ihnen auch die Möglichkeit gab, die Wichtigkeit dieser Phase im Leben ihrer kleinen Tochter und in ihrem eigenen Leben zu verstehen. Denn für alle Eltern ist das Aufgeben der Liebesbeziehung zu einem verführerischen Kind mit einem Verlust verbunden.

Ich habe so viel über diese Situation gesprochen, weil sie uns eigentlich durch das ganze Leben begleitet. Immer dann, wenn große Veränderungen, Trennungen, die unvermeidlich sind, geschehen, werden viele von diesen früheren Konflikten wieder aufgerührt. Die Wahl des Ehepartners und die Interaktionsvorgänge, die sich zwischen den Eheleuten entwickeln, sind sehr oft durch die frühen Erlebnisse mit den Eltern beeinflußt. Ob der Partner gewählt wird, weil er oder sie dem gegengeschlechtlichen Elternteil so ähnlich ist oder so unähnlich wie nur möglich – in jedem Fall spiegelt sich in der Beziehung des Paares die emotionale Bindung an diesen Elternteil.

Als ich mein Buch über den Tod und die Familie (. . . *bis daß der Tod euch scheidet*) schrieb, war ich sehr betroffen davon, in Gesprächen mit erwachsenen Söhnen und Töchtern, die kürzlich Vater oder Mutter verloren hatten, zu erfahren, wie sehr deren ödipale Phantasien durch den Tod der Eltern neu belebt worden waren. Diese Phantasien können auch während der Entwicklungsprozesse in Pubertät und Adoleszenz aufgerührt werden, wenn jeder Mensch die enge Verbindung mit seinen Eltern und das Vertrauen aus den Kindertagen aufgeben muß, um erwachsen zu werden. Gleichzeitig muß er sich aber ein Gespür für Beständigkeit und Treue zu seiner Herkunftsfamilie erhalten. Die Adoleszenz, jede Phase, in der Reifung und Wagnis am intensivsten erlebt werden, hat zwar den Blick nach vorne gerichtet, kann deshalb aber auch eine Zeit voll Leid und Kummer und schwerem Verlust sein.

Bis vor ein paar Jahren hatten wir alle die Vorstellung, daß solche Krisen mit der Adoleszenz aufhören. Inzwischen aber hat man die mittlere Lebenskrise entdeckt und sehr viel darüber geredet und geschrieben. Was sie eigentlich ist, wie es zu ihr kommt und über ihren genauen Zeitpunkt ist ziemlich gestritten worden. So sagt man, daß sie in die Zeitspanne zwischen Fünfunddreißig und Sechzig falle. Sicher sein dürfte jedenfalls, daß in unserer Gesellschaft, in der Jugend und Jugendlichkeit so hoch geschätzt werden und in der die Sexualität eine so große Rolle spielt, die Angst vor dem Altern und vor dem Verlust der Jugend ganz besonders groß ist. Dies führt sehr oft zu depressiven Erscheinungen oder zur Weigerung, die eigene Lage realistisch zu sehen, oder man flüchtet in alle möglichen Phantomlösungen, wie zum Beispiel die Suche nach jüngeren Liebespartnern.

In meiner Arbeit mit Eheproblemen bin ich dieser Situation sehr oft begegnet. Die Menschen kamen zu den Beratungsstellen mit der Klage über den Verlust oder das Nachlassen von sexuellen Bedürfnissen oder Beziehungen. Aber unter diesem vorgeschobenen Problem ist fast immer die Angst vor Verlust überhaupt verborgen. Sehr oft verlassen die Kinder zu dieser Zeit das Elternhaus; die ersten Gedanken an Pensionierung treten auf; die Eltern des Paares werden krank oder sterben, und der Gedanke an den Tod rückt nun in das Zentrum des Lebens. Und es ist dies, was die mittlere Lebenskrise von allen vorangegangenen Krisen unterscheidet. An diesem Punkt wird die Szene gesetzt für die Bewältigung des Alters.

Menschen, die ihr ganzes Leben lang die durch Verlust verursachten Krisen als wesentlichen Teil ihres Wachstums und ihrer Entwicklung akzeptiert haben, werden wahrscheinlich am besten fähig sein, auch mit den unvermeidlichen Verlusten des hohen Alters fertig zu werden. Denn jeder alte Mensch muß den Verlust seiner Beweglichkeit, seiner physischen Kräfte, das Nachlassen seiner Sinneswahrnehmung und alle möglichen Unannehmlichkeiten und Schmerzen hinnehmen, ganz abgesehen von dem unvermeidlichen Verlust von gleichaltrigen Verwandten und Freunden, und selbst oft den schmerzlichsten Verlust von Jüngeren. Auf den Verlust geliebter Menschen im hohen Alter, den schwersten Verlust im Lebenszyklus, werde ich im siebten Kapitel (*Die Suche nach Sinn*) ausführlicher eingehen.

In dieser letzten Lebensphase mehr als in jeder vorangegangenen bestimmt die Einstellung zu Verlusten, einschließlich des Verlustes einer Zukunft und der Gewißheit des nahenden eigenen Todes, die Qualität des langen Lebens. Eine unserer Gefahren ist, daß wir so daran gewöhnt sind, Hilfe durch Tabletten zu finden, und daß uns in jeder Lebenskrise so leicht Medikamente angeboten werden, daß wir vielleicht vergessen, wie wichtig unsere eigene Mitarbeit an der Überwindung von Krisen ist. Wenn wir uns dessen aber bewußt sind und erfolgreich von uns aus eine Krise bewältigen, dann kann diese letzte Lebensphase vielleicht die allerwichtigste unseres ganzen Lebens werden.

Zum Abschluß dieses Kapitels möchte ich noch von zwei Frauen erzählen, Käthe und Lilian, die beide über neunzig Jahre alt sind und fast blind. Sowohl Käthe, die nach einem Leben voller stets wiederkehrender Verluste ihren grenzenlosen Optimismus nicht eingebüßt hat, als auch Lilian mit ihrer unerschütterlichen Liebesfähigkeit haben ihre Schmerzen und ihren Verlust positiv genutzt und erfreuen sich eines ruhigen und liebevollen Alters. Einige der Beispiele, über die ich später im Kapitel über körperliche und geistige Krankheiten im hohen Lebensalter berichten werde, zeigen die andere Seite der Medaille; sie machen deutlich, wie unbewältigte Verluste am Ende des Lebenszyklus zu Krankheit und Verwirrtheit führen können.

Doch zurück zu Käthe: Sie ist einundneunzig Jahre alt. Gelegentlich charakterisiert sie sich selbst folgendermaßen: »Ich bin nicht besonders klug, aber ich interessiere mich für Menschen. Und wenn es dann um die Menschen geht, die ich lieb habe, dann interessiert mich jede kleinste Einzelheit in ihrem Leben.«

Wie Käthe selber sagt, nimmt sie intensiven Anteil am alltäglichen Lebensablauf ihrer Freunde und Angehörigen. Sie ist brennend an Sport interessiert, verfolgt die Tagespolitik, versteht sich als treue Anglikanerin und bekennt sich unverhohlen als konservative Tory-Anhängerin. Sie ist von der Gesundheitsbehörde als blind eingestuft, kann aber noch soviel sehen, daß sie allein herumlaufen kann. Lesen, ihre Lieblingsbeschäftigung, ist ihr aber versagt – doch hört sie sich Bänder der Blindenbücherei an. Ihr Mann hinterließ ihr bei seinem Tod kein Geld, so daß sie mittellos ist und in einer betreuten Altenwohnung lebt. Im Vergleich zu dem geräumigen Haus, in dem sie früher gelebt hat, ist diese Wohnung winzig, aber sie ermöglicht ihr Unabhängigkeit.

Käthe hatte es nicht leicht im Leben. Aber trotz ihrer Schwierigkeiten ist sie noch immer von beeindruckender Vitalität. »Wissen Sie, was mich in Gang hielt, auch wenn ich das alles durchstehen mußte? Mein unerschütterlicher Glaube. Wie hätte ich ohne den leben können?« Ihren Glauben »erbte« sie von ihrem Vater, der Zentralfigur in der standfesten, wohlgeordneten Familie, in der sie groß wurde. Ihre glückliche Kindheit bezeichnet sie als das »Rückgrat« ihres Lebens. Ihr grundlegender Optimismus und ihr Vertrauen auf die Güte des Lebens, auf andere Menschen und auf Gott prägte sie schon immer.

Ihre Mutter war eine sanfte, aber ziemlich scheue und für sie entlegene Figur. Von ihrem Vater dagegen spricht sie mit Wärme, und mit seinen Wertbegriffen hat sie sich identifiziert. Er war ein schwer arbeitender Börsenmakler, der durch eigene Kraft etwas geworden war, und besaß tiefe religiöse Überzeugungen – obwohl Käthe sich nicht erinnern kann, daß er jemals über Religion gesprochen hätte. Die beiden gingen jeden Sonntag zusammen in die Kirche. Käthe erinnert sich, daß ihre Mutter des Abends »ihr nur gerade den Kopf zudrehte, um sich küssen zu lassen«, der Vater dagegen sie fest in die Arme nahm. Er war oft zu Scherzen aufgelegt. »Er kam mit all diesen Geschichten über Wagnisse und Gefahren von der Börse heim und erzählte sie Mutter. Die blickte dann ganz schockiert drein, oder sie tat wenigstens so, und er hat dann gelacht.«

Sie hing leidenschaftlich an ihrem Vater und ihrem jüngeren Bruder Hugo. Sie zog ständig Männer als Gefährten gegenüber Frauen vor, teilte (und teilt immer noch) das Interesse ihrer beiden Brüder an Kricket und half vor Ausbruch des Krieges eifrig mit, Jungenklubs zu organisieren. Sie war ein unscheinbares Mädchen, aber damals wie heute gewann sie durch ihre natürliche Begeisterung an Reiz.

Die größte Tragödie ihres Lebens war der Verlust von Charlie, ihrem Verlobten, »meinem ersten und einzigen Geliebten«, wie sie sagt. Sie verehrte Charlie mit der Hingabe, die sie zuvor ihrem Vater und ihrem jüngeren Bruder zugewandt hatte, und mit der ganzen Inbrunst einer leidenschaftlichen Natur.

Als Offizier im Ersten Weltkrieg erkrankte Charlie an der Hodgkinschen-Krankheit, wurde vom Militär entlassen und kam nach Hause, um zu sterben. Käthe half bei seiner Pflege, und seine letzten Tage sind ihrem Gedächtnis mit schmerzlicher Klarheit eingraviert. An seinem letzten Tag schickte man die erschöpfte Käthe auf ihr Zimmer, damit sie sich ausruhte. Durch das Geräusch ausströmenden Wassers wachte sie plötzlich auf. (Später dachte sie, daß es das Wasser in Charlies Wasserbett war, das ablief.) Das Zimmer war ganz hell, und sie sah die zwölf Apostel um ihr Bett stehen. Die Vision verschwand wieder, und Charlies Mutter kam ins Zimmer, um ihr mitzuteilen, daß Charlie wenige Minuten vorher gestorben sei.

Diese Vision war für sie in den folgenden Monaten eine Quelle des Trostes. Sie war ein Schimmer von andauerndem Leben und endloser Liebe, eine lebendige Erinnerung an eine Welt, deren Schönheit und Gerechtigkeit das schreckliche Dunkel ihres momentanen Lebens überstieg und gleichzeitig neben ihm bestand. »Warum läßt Gott mich nicht sterben?« Aber er ließ sie weiterleben, und sie wäre niemals freiwillig aus dem Leben geschieden.

Bezeichnenderweise war es ihr Vater, der vorschlug, daß sie versuchen solle, ihren Schmerz zu lindern, indem sie sich der weiteren Welt öffne und berufstätig werde. Sie bekam eine Stelle im Informationsministerium und freundete sich schnell mit Maria, einer Kollegin, an. Für sie war es selbstverständlich, ihre beste Freundin dem Menschen vorzustellen, den sie am liebsten hatte, ihrem Bruder Hugo. Die beiden verliebten sich und sollten fünfzig Jahre lang glücklich miteinander verheiratet sein. Käthe verweist häufig auf diese Geschichte als Beispiel dafür, wie sich im Licht des Glaubens alles Leid als sinnvoll erweist, als Potential zum Guten: »Sehen Sie! Maria hätte Hugo nie getroffen, wenn ich nicht meinen Charlie verloren und mit der Arbeit beim Ministerium angefangen hätte.« Käthe ist auch davon überzeugt, daß Gott nur solche Menschen leiden läßt, die es »packen« können, und daß ein Mensch durch Leiden ein viel größeres Einfühlungsvermögen gewinnt.

Ihr Chef im Ministerium, ein Mann, der zehn Jahre älter war als sie und dessen Frau und Kind während einer großen Grippeepidemie am gleichen Tag gestorben waren, tat ihr sehr leid. Vor seinem Tod hatte Charlie ihr genaue Anweisungen gegeben, daß, wenn ihr ein »guter Mann« begegne, sie diesen heiraten und Kinder haben solle. Und als sich nun ihr Chef, Robert, in sie verliebte, stimmte sie einer Heirat zu, nicht weil sie ihn liebte, sondern weil sie das Gefühl hatte, Charlie hätte es so gewünscht, und weil sie diesem Mann wieder ein Kind schenken wollte.

Sie heirateten, Käthe wurde schwanger, und als sie alles für die Geburt des Kindes vorbereitete, wußte sie wieder, was Glück ist. Aber die Geburt war schwierig, und ihr Sohn lebte nach dem Kaiserschnitt nur zwei Minuten. In seiner Weise war dieser Verlust für sie ebenso schwer zu ertragen wie Charlies Tod – nicht bloß, weil ihr das Kind geraubt worden war, sondern weil damit ihr Motiv für diese Heirat untergraben war.

Drei Monate später bekam ihre Freundin Maria ihr erstes Baby. Käthes Fähigkeit, ihren eigenen Verlust zu tragen, wurde aufs neue schmerzlichst auf die Probe gestellt. »Einer der schwersten Gänge, den ich je tat, war mein Besuch bei Maria – und dann ihr Baby in meine Arme zu nehmen.«

Drei Jahre später erlaubten die Ärzte Käthe, wieder schwanger zu werden, und sie bekam einen Sohn, Simon. Käthes Eheleben war ein ständiges Ringen. Ihr Mann Robert hatte seinen Posten im Ministerium aufgegeben, und sie mußte alles zusammenkratzen, um Simon auf ein Internat schicken zu können und ihn so aufzuziehen, wie sie es wollte. Robert war oft reizbar und beanspruchend: Er ließ die Frustrationen und Ängste, die er am Arbeitsplatz spürte, an seiner viel zu geduldigen Frau aus.

Ihr Sohn Simon wurde im Zweiten Weltkrieg Soldat und heiratete danach ein fröhliches, offenes Mädchen irischer Herkunft. »Als Simon Anne heiratete«, sagt Käthe, »habe ich ihn im Geiste an sie abgetreten. Ich hatte meinen Teil getan, und er gehörte jetzt zu ihr.« Ihre Liebe zu ihren Freunden und ihrer Familie ist mit der festen Überzeugung verknüpft, daß sie sie weder besitzen noch von ihnen abhängig werden darf.

Robert bekam Krebs, und Käthe pflegte ihn während seiner langen und schmerzhaften Krankheit. Einige Monate nach seinem Tod verschlechterte sich ihre Sehkraft rasch. Lesen, ihre größte Erholung, wurde ihr jetzt unmöglich; doch sie konnte ja immer noch ein wenig allein umhergehen. Weder damals noch zu irgendeinem anderen Zeitpunkt stellte sie die Frage: »Warum gerade ich?« Sie blieb bei ihrem Glauben, daß in ihrem Leiden irgendein Sinn stecken müsse. Als später ihr sterbenskranker Bruder Hugo ebenfalls zum Teil erblindete, konnte sie ihm von der »Blindenbibliothek« erzählen, sie sorgte dafür, daß ihm Tonbänder geschickt wurden, und brachte damit eine neue Quelle von Interesse und Unterhaltung in sein Leben.

Mittlerweile hatte Simon ein »Altenteil« an sein Haus angebaut und bestürmte die inzwischen als blind registrierte Käthe, zu ihm zu ziehen. Aber sie lehnte es ab, ihre Unabhängigkeit zu verlieren, wenn es auch für sie sehr verlockend war, als »zahlender Gast« so nahe bei ihrem Sohn zu wohnen. Ihre Familie ist immer der Mittelpunkt ihres Lebens geblieben. Sie hatte großen Anteil an der Erziehung ihrer Enkelkinder, denn immer, wenn Anne eine Teilzeitarbeit annahm, spielte sie die Ersatzmutter. Sie liebt ihren Enkel Chris zärtlich; und als dessen Ehe vor kurzem in die Brüche ging, warf das einen schweren Schatten auf ihr hohes Alter. Aber das Leben war ja immer ein »ständiger Kampf«, und Schmerzen zu ertragen ist ihr nicht neu. So muß sie jetzt das Leid ihres Enkelsohnes mitansehen und den Verlust des Kontakts zu ihren Urenkeln bewältigen. Der Gedanke an den Tod und an das Ende des »Kampfes« macht sie nicht unglücklich, sondern ist eher ein Trost; und er wird noch verstärkt durch ihre Überzeugung, daß Charlie auf der anderen Seite des Todes auf sie wartet. Käthe beschäftigt sich viel mit der Vergangenheit, besonders mit jenen kritischen Zeiten in ihrem Leben, in denen sie schwerem Verlust begegnete. Vom Standpunkt ihres hohen Alters aus auf solche Zeiträume des Lebens zurückzublicken und darin Sinn und Gewinn zu entdecken, das ist für sie der beste Beweis der Existenz eines gütigen Gottes. Sie ist fest entschlossen, zu genießen, was es zu genießen gibt, und weigert sich, den Versuchungen nachzugeben, sich »wie alte Leute zu benehmen«. Sie ist überzeugt davon, daß einige ihrer Nachbarn in dem Komplex der betreuten Altenwohnungen so verwirrt wurden, weil sie »aufgegeben haben« und sich der Passivität der Abhängigkeit und einer lähmenden Selbstbezogenheit überließen. Kürzlich hat sich Käthe zum Beispiel eine neue, sehr farbige Bettdecke gekauft und sagt: »Na, vielleicht ist die nicht so ganz richtig für ein konventionelles Wohn-Schlaf-Zimmer einer so alten Frau. Aber ich bin eben keine konventionelle alte Frau und werde es auch nie werden!«

Lilian ist jetzt beinahe hundert Jahre alt und lebt ebenfalls allein in einer betreuten Altenwohnung auf dem Lande. Ihr Leben war von Anfang an schwierig. Ihre Mutter, eine beherrschende und ehrgeizige Frau, war davon überzeugt, daß man vorankommen müsse, daß es wichtig sei, Besitz zu erwerben, und man eine Rolle in der Politik zu spielen habe. Dabei betonte sie immer wieder, daß sie nicht für sich persönlich irgendwelchem Ruhm nachjage, sondern das alles für ihren Mann mache, den sie – allerdings ohne Erfolg – zu hohen Leistungen anzutreiben suchte. Er war ein stattlicher junger Mann gewesen, aber ohne jeden Ehrgeiz. Er blieb nie lange in derselben Stelle, geriet in Schulden und begann später zu trinken. Durch diese enttäuschende Nachwirkung ihrer Ehe veranlaßt, übertrug die Mutter ihre Bestrebungen auf ihre vier Kinder.

Ihr Ältester, Nikolaus, erfüllte nicht, was sie sich für ihn erträumt hatte. Aber als Junggeselle stand er ihr während seines ganzen Lebens nahe. Lilian war die Zweite, ein hübsches Kind, das zu einer überaus reizenden jungen Frau heranwuchs. Sie widersetzte sich den ehrgeizigen Plänen der Mutter, lehnte es ab, zu studieren, und interessierte sich mehr für Jungen und fürs Tanzen. Sie war auf ihre Weise ebenso eigensinnig wie ihre Mutter. Bruno, ihr Spielkamerad in der Kindheit, war der Liebling der Mutter. Er hatte ihren starken Willen geerbt. Als Erwachsener ging er nach Kanada, heiratete dort und arbeitete als Missionar; in dieser Tätigkeit starb er an einer Lungenentzündung.

Während der Kindheit und frühen Jugend dieser Kinder wurde es mit dem Trinken des Vaters immer schlimmer, und der Lebensunterhalt der Familie wurde unsicher, da er nur noch sehr gelegentlich Arbeit fand. Zeitweise war die Familie sehr arm. Es gab schreckliche Szenen, wenn der Vater betrunken nach Hause kam und die Mutter ihn zu Gewalttätigkeiten herausforderte. Um etwas Geld zu verdienen, arbeitete sie als Schneiderin, und je größer ihre Armut war, desto höher trug sie ihren Kopf. Nach einiger Zeit hatte der Vater eine Art Anfall. Als die Ärzte ihm sagten, er werde sich umbringen, wenn er so weitertrinke, gab er es sofort auf und rührte sein ganzes Leben lang keinen weiteren Tropfen Alkohol mehr an.

Unglücklicherweise hat ihm seine Frau nie vergeben, wenn es auch zu einer Art Versöhnung gekommen sein muß, denn eine kleine Tochter, Martha, wurde geboren, als Lilian fünfzehn Jahre alt war. Der Vater, der jetzt trocken war, machte großes Aufheben um dieses Töchterchen, und in Lilian erwachte das bittere Gefühl, daß er in ihrer Jugend immer viel zu betrunken gewesen war, um sich um sie zu kümmern. Mittlerweile war sie – wie gesagt – selbst zu einer sehr schönen jungen Frau herangewachsen und wurde im Feinwäschegewerbe ausgebildet. Dort arbeitete sie sich hoch und wurde zur leitenden Angestellten in einem Geschäft der Innenstadt. Während sie dort arbeitete, verliebte sie sich – zum ersten und einzigen Mal in ihrem Leben – tief und leidenschaftlich in einen reizenden »feinen Herrn«, ziemlich außerhalb ihrer sozialen Herkunft. Er respektierte ihre »Ehre«, und sie machten sich auf idyllische Weise den Hof, genossen eine Mondscheinromanze zwischen den Hecken von Junirosen, bis er das ganze mit einem Brief abbrach. Das war für Lilian ein entsetzlicher Schlag.

Als sie achtundzwanzig war, ging ihr die Arbeit auf die Nerven. Ihr Wunsch nach Kindern und einem eigenen Heim war groß, und ihr war klar, daß sie niemals einen anderen Mann lieben könne, so daß sie kurzerhand einen der Leiter des Geschäfts heiratete, einen Witwer, der zwanzig Jahre älter war als sie. Finanziell gesehen, war es eine gute Partie, aber sie hatten wenig miteinander gemeinsam, wenn er auch sie und die beiden Kinder materiell gut versorgte. Diese Kinder wurden das Wichtigste in Lilians Leben. Sie hätte gern noch mehr gehabt, aber ihr Mann, alt genug, daß er ihr Vater hätte sein können, wollte oder konnte keine weiteren Kinder zeugen. Sexuell war ihre Ehe sehr enttäuschend. Er war ein typischer Viktorianer, ein guter Bürger und braver Kirchgänger, aber langweilig.

Lilian verwöhnte beide Kinder, sowohl Martha als auch den fünf Jahre jüngeren Nikolaus maßlos. Das wirkte sich ganz verschieden aus: Martha wurde zu einem ewigen Rebellen, Nikolaus dagegen zu einem sich anklammernden, fügsamen Menschen, der später eine Frau heiratete, mit der er die gleiche abhängige Beziehung fortsetzte, die er mit seiner Mutter gehabt hatte. Martha heiratete jung, aber ihr rebellisches, unabhängiges Wesen, stets auf der Suche nach einem nie auffindbaren Guru, ließ sich in der Ehe nicht in Schach halten, und ihr Mann verließ sie bald nach der Geburt ihres Sohnes.

Auch Lilians jüngere Schwester hatte früh geheiratet. Es war eine Liebesheirat mit einem Mann, der an einer Hüfttuberkulose litt. Er blieb sein ganzes Leben lang ein Halbinvalide, und sie hatten keine Kinder, doch sie führten ein ruhiges Leben in einem Häuschen auf dem Land.

Nachdem Lilians Kinder beide aus dem Haus waren, spürte Lilian die Enttäuschungen eines Lebens mit einem so ungleichartigen Mann, der soviel älter war als sie und jetzt taub und kränklich. Als er mit achtundachtzig Jahren starb, begann Lilian, damals fünfundsechzig Jahre alt, ein neues Leben und kaufte sich ein kleines Häuschen nahe bei ihrer Schwester. Ihre Tochter Martha zog mit ihrem Enkel, einem zweiten Bruno, zu ihr ins Haus, und auch Lilians ältester Bruder, Nikolaus, der damals ebenso ohne feste Bindung war, fand ein Haus in der Nähe.

Für Lilian waren das glückliche Zeiten, so als Mittelpunkt einer großen Familie zu leben. Aber als man sich nach einer geeigneten Schule für den jungen Bruno umsehen mußte, hielt Martha es für besser, woandershin zu ziehen. Bald nach ihrem Wegzug starb Lilians älterer Bruder Nikolaus an einem Schlaganfall. Lilian war nun neunundsiebzig Jahre alt und fühlte sich plötzlich sehr allein. Das brachte ihren Sohn Nikolaus auf den Plan, und er fand für sie eine Wohnung in der Nähe seines eigenen Hauses. Obwohl es dort sehr laut war und man auch sonst die Bedingungen nicht gerade ideal nennen konnte, verwandelte Lilian die Wohnung wieder einmal in ein richtiges Zuhause, ließ sich von den Unannehmlichkeiten nicht beeindrucken und genoß all das Positive. So ging ihr Leben weiter, bis sie siebenundachtzig war. Dann zwang sie ein Straßenerweiterungsplan, nochmals umzuziehen. Das brachte sie in einen nagelneuen Bungalow in einer betreuten Altensiedlung am Stadtrand. Ihre Fähigkeit, mit neuen Situationen umzugehen, und ihre Gabe, sich ein Zuhause zu gestalten, halfen ihr auch in ihrer »letzten Behausung«, wie sie es nennt. »Hier könnte ich ganz gut sterben.« Sie genießt das Leben dort und all die Annehmlichkeiten, aber auch ihre Nachbarn und den freundlichen Sozialbetreuer.

Zwei Jahre danach ließ sich ihre Tochter Martha pensionieren und zog wieder in die Nähe ihrer Mutter. Beide Enkel sind inzwischen glücklich verheiratet und haben Kinder, darunter auch Töchter, und Lilian freut sich an ihrem glücklichen Lebensabend und genießt ihn. Es ist erstaunlich, daß Lilian lebhaftesten Anteil an all dem nimmt, was ihre Kinder und Enkel tun, aber dabei stets auf ihre eigene Selbständigkeit bedacht ist. Tochter Martha ist stark mit religiösen Angelegenheiten beschäftigt, und ihre Mutter hört sie gern darüber berichten, sagt aber: »Für mich ist das nichts; wenn ich jemals zum Abendmahl ginge und sähe einen Geldschein vor dem Altar liegen, würde ich ihn einfach einstecken. Also du siehst, ich kann nicht zur Kirche gehen.« Ihr Enkel Bruno hat trotz aller Schwierigkeiten eine gute akademische Karriere gemacht und ist politisch sehr aktiv. Seine Großmutter ist stolz auf ihn, meint aber: »Politik paßt zu ihm, und ich höre gern davon, aber ich sehe die Heuchelei und den Betrug in allen Parteien und halt' mich da lieber raus.«

Trotz solcher kritischer Kommentare und trotz ihrer altersbedingt nachlassenden Kräfte und ihrer rasch zunehmenden Blindheit ist Lilian noch voller Lebensfreude und fest entschlossen, aus allem das Beste zu machen. Drei Generationen ihrer Familie lieben sie und werden von ihr geliebt; sie ist hilfreich und freundlich gegenüber ihren Nachbarn und, wie der Sozialarbeiter der Altensiedlung sagt, »ein Beispiel für uns alle«. Sie ist wahrhaft ein Beispiel, denn sie zeigt, daß ein schwieriger Anfang und harte Verluste und Enttäuschungen ein erfülltes und stimmiges hohes Alter eher fördern als verstellen, nämlich durch die alles übersteigende Fähigkeit, zu lieben.

Als ich die Lebensgeschichte von Käthe und Lilian für dieses Kapitel auswählte, weil sie so deutlich zeigen, daß die Überwindung schmerzlicher Verluste während des ganzen Lebenszyklus dabei helfen kann, ein gutes langes Leben zu erreichen, war ich mir der Ähnlichkeit zwischen ihnen nicht bewußt. Beide verloren in früher Jugend ihren einzigen wirklichen Geliebten und heirateten später, hauptsächlich um Kinder zu bekommen, viel ältere Männer. Beide sind jetzt nahezu blind und leben in betreuten Altenwohnungen mit sehr begrenzten materiellen Hilfsquellen gegenüber ihrem früheren komfortablen Eheleben. Beide besitzen die Fähigkeit, sich über jedes winzige Vergnügen zu freuen, das ihnen über den Weg kommt. Für beide blieb ihre Familie der Mittelpunkt ihres Lebens, und in ihnen sind sie geliebtes und liebevolles Mitglied. Sie unterscheiden sich grundsätzlich nur darin, daß Käthe in ihren Leidensperioden Bedeutung und Gewinn erblickt, denn sie sind für sie der sichere Beweis für die Existenz eines gütigen Gottes. Lilian dagegen kann nur hinnehmen, was sie in der Situation des Hier-und-Jetzt ihrer Existenz versteht. Anderen Werten gegenüber ist sie tolerant und bewundert sie sogar, aber sie wacht über ihre Redlichkeit mit unnachgiebiger Ehrlichkeit.

In anderen Lebensgeschichten dieses Buches (vor allem im Kapitel »Die Suche nach Sinn«) betone ich immer wieder, was für eine enorme Hilfe ein religiöser Glaube alten Menschen sein kann. Aber ich bin dankbar, an den Geschichten von Käthe und Lilian zeigen zu können, daß gerade im hohen Alter religiöses Gefühl nicht notwendigerweise durch ein Glaubensbekenntnis ausgedrückt werden muß, trotzdem aber eine wichtige formende Kraft ist. Für diese beiden Frauen ist ihre starke Liebe zu den ihnen wichtigen Menschen und ihre selbst im höchsten Alter ungeschwächte Autonomie ein Ausdruck ihres religiösen Empfindens.

Obwohl ich bewundere, wie Käthe und Lilian in ihren eingeschränkten materiellen Umständen zufrieden leben, möchte ich nicht den Eindruck erwecken, daß ich materielle Sicherheit im Alter für unwichtig halte. Aber in unserer Gesellschaft besteht die Gefahr, daß materielle Fürsorge im Alter als das einzig Notwendige betrachtet wird. Doch man macht es sich zu leicht, wenn man sagt, falls die materiellen Fragen geklärt sind, brauche man sich über die Bedürfnisse alter Menschen nicht weiter den Kopf zu zerbrechen. Damit verkennt man gerade, was alte und ganz alte Menschen am meisten brauchen, nämlich als wertvolle Mitglieder ihrer jeweiligen Gesellschaft geschätzt zu werden. In späteren Kapiteln wird sich das noch deutlicher zeigen.

DIE BEDEUTUNG DER FAMILIE

*Die Liebe ist die einzige vernünftige
und befriedigende Antwort
auf das Problem der menschlichen Existenz.*
Erich Fromm

Das Problem der stark zunehmenden Anzahl alter und sehr alter Menschen ist zur Zeit eines der Hauptthemen. Und wenn immer es diskutiert wird, nennt man als einen der Gründe für die Problematik die Veränderungen im Familienleben und die abnehmende Fürsorge der jüngeren Generation für die alte. Und es stimmt ja, daß die verkleinerte Familie, die jetzt eigentlich immer nur aus Eltern und wenigen Kindern besteht, die Tatsache, daß viele, vielleicht die meisten, verheirateten Frauen außerhalb des Hauses arbeiten, die Tatsache auch, daß Wohnsitze häufiger gewechselt werden und daß die meisten Familien enge Wohnungen haben, viel zur Veränderung im Familienleben beigetragen haben, ganz abgesehen von den häufigen Ehescheidungen. All dies erschwert es der jüngeren Generation, ihren Eltern ein Heim anzubieten. Dazu kommt noch, daß durch die sehr verlängerte Lebenserwartung sich junge Familien oft für zwei Generationen verantwortlich fühlen, Großeltern und Urgroßeltern. Man darf aber auch nicht vergessen, daß sich im allgemeinen die finanzielle Situation alter Menschen sehr verbessert hat, so daß sie oft vorziehen, unabhängig zu bleiben. Auch die Sozialfürsorge tut vieles, um diesen Wunsch zu erfüllen. Oft ist der Wunsch nach Unabhängigkeit so groß, daß er die manchmal nicht sehr komfortablen Wohnverhältnisse wie auch die oft auftauchenden Schwierigkeiten und Ängste des Alleinseins überwindet.

Diese letztgenannten Schwierigkeiten gibt es für einen alten Freund von mir nicht. Er ist sechsundachtzig Jahre alt, blind, fast taub und körperlich so behindert, daß er sich nur mit fremder Hilfe bewegen kann. Trotzdem weigert er sich, bei einem seiner Kinder zu wohnen oder in ein Altersheim zu gehen, und betont immer wieder, daß er mit seiner treuen Haushälterin sehr glücklich und zufrieden ist. Seine Frau ist vor fünf Jahren gestorben, und in den ersten drei Jahren nach ihrem Tod war er von ihren Bildern und Andenken umgeben und lebte völlig in der Erinnerung an sie. Täglich ging er auf den Friedhof, setzte sich stundenlang an ihr Grab, »besprach« alles mit ihr und suchte sich Rat, wann immer es um Entscheidungen ging. Seit es für ihn körperlich schwierig ist, auf diesen Friedhof zu gehen, scheint sich auch die Erinnerung an seine Frau zu verlieren. Er erwähnt sie jetzt fast nie mehr. Auch seine Kinder und Enkelkinder spielen eine geringe Rolle in seinem Leben, außer daß er ihnen gerne großzügige Geschenke macht. Als eine Enkelin kürzlich heiratete, ging er zu ihrer Hochzeit in die Kirche, gestützt von Freunden und der Haushälterin, und obwohl er nichts sehen oder hören konnte, schien er dort sehr glücklich zu sein. Als ich ihn am nächsten Tag besuchte und bedauerte, daß er nicht habe sehen können, wie schön seine Enkelin ausgesehen habe, sagte er: »Ach, das ist ganz unbedeutend. Was außen geschieht, ist nicht wichtig. Wichtig ist nur, was in mir vorgeht!«

Obwohl er seine wenigen Gäste immer noch mit der ihm eigenen Gastfreundschaft begrüßt und dabei Spuren seiner früheren Gastlichkeit und Höflichkeit zeigt, macht er es sehr klar, daß er am liebsten allein ist. Er sagt: »Ich brauche Schweigen! Im Schweigen bin ich Gott nahe.« Bei all dem versichert er immer wieder, wie glücklich er ist und wie dankbar, daß er es so gut hat. Ich frage mich: Hat dieser Mann seine Fähigkeit zu menschlichen Beziehungen verloren? Hätte er sich so ganz ins Schweigen zurückgezogen, wenn seine Frau noch lebte oder seine Kinder ihm physisch oder gefühlsmäßig näher wären? Hat er die Beziehungen mit anderen Menschen deshalb aufgegeben, weil er keine Gelegenheit hat, sich in menschlichen Beziehungen zu üben? Denn genauso, wie alte Leute ihre Glieder, Muskeln und ihren Verstand gebrauchen müssen, um sie als brauchbar zu erhalten, genauso benötigen sie Anregungen, um ihre menschlichen Beziehungen lebendig zu erhalten.

Ich selber glaube aufgrund eigener Erfahrungen und der Erfahrung vieler alter Menschen, die ich kenne, daß die Fähigkeit zur Beziehung zu anderen oder zu etwas, das völlig außerhalb von einem selber ist und über die unmittelbaren Bedürfnisse oder Empfindungen unseres Körpers hinausgeht, genauso wichtig für ein gutes Leben im hohen Alter ist wie für jede andere Lebensphase. Aber es ist schwer, zu verallgemeinen, wie ich gerade an dem Beispiel meines alten Freundes gezeigt habe. Alte Menschen sind ja nicht alle gleich, wahrscheinlich sind sie das sogar noch weniger als irgendeine andere Altersgruppe: denn ihr langes Leben hat sie zu Individualisten gemacht. Eines unserer augenblicklichen sozialen Probleme ist, daß die Gesellschaft sich weigert, das zu verstehen, und alle alten Leute als »gleich« behandelt. Aber ihre Fähigkeit zu menschlichen Beziehungen – in erster Linie natürlich zur Familie und zu Freunden – ist durch die Erfahrungen ihrer individuellen Lebensgeschichte bedingt, und natürlich vor allem dadurch, ob sie in früheren Beziehungen glücklich und erfolgreich waren. Dabei spielt auch ihr intellektueller und sozialer Hintergrund eine Rolle. Ihr Eingehen auf andere hängt außerdem auch von ihrer augenblicklichen Umgebung ab, ob sie allein leben oder mit einem Partner, mit ihren Kindern oder bei Verwandten oder Freunden, in einer Gemeinschaft, in Altenwohnungen oder in Altersheimen. Natürlich wird es auch von ihrem Gesundheitszustand abhängen. Wenn der so schlecht ist, daß sie ihre gesamten Energien dafür brauchen, um bloß zu überleben, dann kann es vorkommen, daß sie sich ganz in sich selbst zurückziehen und völlig selbstgenügsam werden. Das Verhalten gebrechlicher alter Menschen in Heimeinrichtungen zeigt ja oft, wie schwer es ihnen fällt, auch nur aus dem Bett aufzustehen, sich anzuziehen und allein zu essen. Das ist oft alles, was sie überhaupt tun können. Sie haben nicht die Energie, einen Kontakt mit anderen Menschen herzustellen oder aufrechtzuerhalten, und haben auch keine Ahnung von den Nöten und Gefühlen anderer, genausowenig wie kleine Babys. Aber man fragt sich doch, ob sie sich trotz dieses Rückzugs nicht doch genau wie kleine Babys danach sehnen, daß sie jemandem wirklich etwas bedeuten.

In unseren Zeiten haben viele Leute jung geheiratet, und unsere Lebenserwartung hat sich verlängert. Dennoch sind Ehepaare, die gemeinsam die Achtziger erreichen, eine Seltenheit, zum Teil, weil nur der eine Partner – und gewöhnlich die Frau – überlebt, aber auch weil Ehescheidungen und zweite, dritte Heiraten heute keine Ausnahmen mehr sind. Es ist deshalb eine große Freude, ein altes liebendes Paar zu treffen, zwei Leute, die ihr ganzes langes Leben mit ihrem Partner geteilt haben und die erfahren haben, was es bedeutet, für jemand anders zu sorgen und umsorgt zu werden. Sie strahlen in ihrem Zusammensein oft eine Art fragloser Zufriedenheit

aus. In einem Buch schreibt Ronald Blythe über ein solches
Paar, Owen und Megan. Nach einem langen Leben voller
Hingabe für ihre Umgebung haben sie sich jetzt zurückgezogen
und leben in sich selber. Sie würden jetzt nicht so zufrieden
leben, wenn sie nicht in den vorangegangenen Jahrzehnten so
viel für ihre Nachbarn getan hätten. Sie brauchen diese Wen-
dung nach innen, um jetzt alle ihre Energien in ihre ungewöhnlich lange Ehe einzubringen – sie sind dreiundsiebzig Jahre
miteinander verheiratet.

»Wenn sie darüber nachdenken«, schreibt Ronald Blythe,
»dann veranlaßt sie das, wieder an die Anfänge zurückzukeh-
ren, und das bringt sie dazu, sich selbst wieder als Liebende
vorzustellen. Schatten ihrer selbst als Jugendliche huschen
über Gesichtsausdruck und Gebärden, wenn sie eine
Geschichte erzählen, die ihnen selbst unglaublich vorkommt.
Der Gedanke an ihre Jugend macht sie auf kurze Zeit wieder
jung, läßt sie im besten Lichte erscheinen, und sie necken sich.
Dann und wann bricht ein gewisses Pathos in ihre ›Vorstellung‹, wenn sie nämlich erkennen, daß ihre Situation einen
Hauch von Torheit trägt und daß Leute ein ähnlich belustigtes
Interesse an ihnen haben, wie sie es versteckt gegenüber
ungewöhnlich jugendlichen Neuvermählten an den Tag legen.
Die Zeit hat sie auf die Bühne gestellt. Das hat auch bewirkt,
daß sie gegenseitig auf die Erscheinung des anderen achtgeben.
Sie sind beide beinahe hundert Jahre alt.

Owen: Wie wir uns trafen? Wir trafen uns auf Verabredung!
Sie war Referendarin, als ich sie zum ersten Mal sah – und
woran, denken Sie, fand ich bei ihr als erstes Gefallen? An
ihren Beinen. Wir machten einen Spaziergang und sind seit
damals immer Hand in Hand gegangen.

Megan: Eigentlich sollte ich einen Orden bekommen, weil
ich es so lange mit ihm ausgehalten habe. Ich denke manchmal,
es ist mehr als erstaunlich, daß ich ihn all die Jahre gehabt habe
und ihn nie leid geworden bin. Das ist erstaunlich, das ist es
wirklich. Es sind jetzt dreiundsiebzig Jahre. Und sogar noch
länger, denn wir trafen uns in Wirklichkeit bereits acht Jahre,
bevor wir uns den Hof machten. Er kam in dies Tal, um hier für
vierzehn Tage zu arbeiten.

Owen: Und ich bin geblieben. Ich habe dieses Haus gebaut.

Megan: Wenn Leute das Foto von ihm sehen, sagen sie: ›Wir können verstehen, weshalb du ihn geheiratet hast.‹ Da ist er achtzehn.

Owen: Ich habe mit dreiundzwanzig geheiratet. Jetzt werde ich bald vierundneunzig. Dreiundzwanzig, vierundneunzig, manchmal kommt es mir wie ein Traum vor, daß ich die ganze Zeit mit meiner Frau zusammen war. Wir haben unser Leben gelebt, aber mir wär's recht, noch mal jung zu sein und es noch mal zu leben. Die Tragödie des menschlichen Lebens ist doch, daß es so kurz ist. Wie lange du auch lebst, am Ende ist es kurz.«

Herr und Frau Frank, die beinahe fünfzig Jahre verheiratet sind, sind ein anderes Paar, an dem man sich erfreuen kann. Beide stammen aus Deutschland, das sie verlassen mußten, weil sie teilweise jüdischer Abstammung sind. Beide waren sie die einzigen Mitglieder ihrer weiteren Familien, die nach England kamen, und trafen sich ganz zufällig beinahe unmittelbar nach ihrer Ankunft. Sie hatten beide ihre Berufsausbildung in Deutschland beendet und mußten nun versuchen, sich hier neu zu etablieren. Wenige Tage nach ihrem ersten Treffen beschlossen sie, das gemeinsam zu versuchen, weil sie fühlten, daß sie sich in dieser neuen fremden Welt gegenseitig helfen konnten, ein wirklich lebenswertes Leben aufzubauen. Indem sie dies mit viel Verständnis und großer Zärtlichkeit versuchten, gelang es ihnen, wie Mary Stott sagt, »eine Gemeinschaft ihrer beiden Persönlichkeiten zu erreichen, in der jeder dem anderen gibt und vom anderen nimmt, was er oder sie braucht«. Sie haben drei Kinder, die jetzt alle erwachsen, verheiratet und erfolgreich in ihren gewählten Berufen sind. Die Fähigkeit der Franks, ihre Nähe zueinander mit der Unterstützung der Identität jedes anderen Menschen zu vereinigen, hat ihre Ehe und ihre Familienbeziehungen unendlich bereichert.

Obwohl sie doch früh in ihrem erwachsenen Leben entwurzelt wurden und obwohl es beiden sehr schwer war, sich von ihrer ursprünglichen Familie zu trennen, sind sie mit diesem Verlust so gut fertig geworden, daß sie von dem Augenblick an, als sie sich bemühten, ihr Leben gemeinsam zu bauen, durch ihre Liebe füreinander sowohl in ihren Berufen wie auch in ihrem Privatleben erfolgreich waren. Nach ihrer Pensionierung zogen sie in ein kleines Haus in einem Dorf, in dem sie schon vorher immer wieder kurze Zeit gelebt hatten und schon geachtete Gemeindemitglieder waren. Sie teilen sich alle Arbeit in Haus, Küche und Garten. Das Haus ist klein, aber dennoch haben sie Raum für ihre individuellen Interessen gefunden – Fotografie und Töpferei –, und beide unterstützen sich durch ihr gegenseitiges Interesse. Ihre Gastfreundschaft macht alle ihre Freunde glücklich. Wenn man an sie denkt, dann fällt einem unwillkürlich die Geschichte von Philemon und Baucis ein, die nach einem langen und glücklichen Leben sich wünschten, gemeinsam zu sterben. Die Sage erzählt, daß ihnen diese besondere Gnade erfüllt wurde zum Dank für ihre Gastfreundschaft, die sie Fremden, die aber griechische Götter waren, gewährt hatten. Sie wurden beide im gleichen Augenblick in Bäume verwandelt. Aber da ihre Gäste sich ihrer ganz bestimmten Individualität bewußt waren, verwandelten sie die beiden trotz ihrer Nähe in zwei verschiedene Bäume. Als ich diese Geschichte den Franks erzählte, waren sie begeistert. Frau Frank sagte: »Ich möchte gern eine Birke werden, aber er muß eine Eiche sein.«

Herr und Frau Croft sind ein Ehepaar, das aus den ärmsten Schichten der Bevölkerung kommt. Beide erhielten nur die mindeste Ausbildung und hatten während ihres ganzen Arbeitslebens schwer zu kämpfen, so daß ihnen die Fähigkeit für eine schöpferische Beschäftigung abgeht, an der sich die Franks jederzeit freuen konnten. Dennoch betonen sie, daß sie nie erwartet hätten, einmal ein so gutes hohes Alter zu haben.

Zweifellos haben sich die Lebensbedingungen der Alten in unserem Jahrhundert, insbesondere in den letzten dreißig Jahren, wesentlich verbessert. Früher gab es keine Altersrente, und wenn auch damals viel mehr alte Menschen bei ihren zu der Zeit weit größeren Familien lebten als heute – und das war häufig für beide Seiten mit erheblichen Belastungen verbunden –, so mußten doch viele ihre letzten Jahre in Armenhäusern verbringen, einer institutionellen Fürsorge finsterster Art. Herr und Frau Croft heirateten Anfang der zwanziger Jahre, bekamen zwei Kinder und wohnten in einem Dorf der Grafschaft Oxford. Ihr kleines Häuschen hatte das Klo im Garten, aber sie schätzten sich mehr als glücklich, im Haus fließendes Wasser und elektrisches Licht zu haben. Bis zum Zweiten Weltkrieg arbeitete Herr Croft als Landarbeiter zum damals üblichen Hungerlohn, und Frau Croft half im Gutshaus bei der Wäsche. Sie führten ein einfaches und äußerst karges Leben. Der Krieg brachte erhebliche Veränderungen zum Guten: Die Löhne stiegen, und Herr Croft wurde Unteroffizier in der Bürgerwehr, was sein Selbstvertrauen steigerte. Die Kinder hatten das Elternhaus verlassen und eigene Familien gegründet, und Frau Croft nahm gelegentlich Pensionsgäste auf, Verwandte der Soldaten, die im Dorf stationiert waren. Jetzt sind die beiden Crofts Ende Siebzig und bei recht guter Gesundheit. Herr Croft trägt mit ein wenig Arbeit als Privatgärtner zu ihrer Rente bei, indem er auf einem kleinen Grundstück, das er gepachtet hat, etwas Obst und Gemüse zieht, das er verkauft. An ihr Häuschen wurde ein Bad angebaut, und es ist jetzt gut möbliert. Sie haben ein Auto, so daß sie ihre verheirateten Kinder regelmäßig besuchen können, und sie nehmen an all den vielen Veranstaltungen teil, die ihr Dorf seinen alten Bürgern anbietet.

Noch vor einer Generation wäre das Leben, das Herr und Frau Croft jetzt führen, für ein Ehepaar ihres Alters und ihrer gesellschaftlichen Stellung unvorstellbar gewesen. Heute ist es nur deshalb eine Ausnahme, weil Herr Croft sein Leben mit schwerem Verlust begann. Er war das uneheliche Kind eines Soldaten, der vor seiner Geburt verschwand, und seine Mutter starb bei der Geburt. Die Großeltern zogen ihn bereitwillig auf, und obgleich sie sehr arm und schon recht alt waren, müssen sie ihm doch soviel Liebe und Sicherheit gegeben haben, daß er zu dem großen, starken, gutaussehenden Mann heranwuchs, der enge, liebevolle Familienbeziehungen und eine lange, engverbundene Ehe beginnen und erhalten konnte.

Natürlich sind keineswegs alle langwährenden Ehen so

voller Glück wie die bis jetzt beschriebenen. Selbst bei alten Ehepaaren, die ein langes Leben miteinander verbracht haben, gibt es viele, die einander nicht mehr ausstehen können. Es ist auch keineswegs eine Ausnahme, daß alte Eheleute, die in ein Altersheim aufgenommen werden, lieber in zwei verschiedenen Heimen untergebracht werden wollen. Und es ist auch nichts Außergewöhnliches, daß man beim Beileidsbesuch nach dem Tod eines Ehepartners den Überlebenden geradezu erleichtert vorfindet, fest entschlossen, jetzt ein neues Leben anzufangen.

Es kommt sogar vor, daß eine scheinbar gute Ehe im hohen Alter unglücklich wird. So machten zum Beispiel Herr und Frau Kinsey den Eindruck eines sehr erfolgreichen und beliebten Ehepaars, noch als sie ihre goldene Hochzeit feierten. Obwohl sie damals beide schon siebzig waren, schrieb Herr Kinsey, ein Kunsthistoriker, der sich von seinen Universitätsaufgaben zurückgezogen hatte, noch immer eifrig Buchbesprechungen und Artikel und hielt gelegentlich eine Vorlesung. Seine Frau, eine begabte und erfolgreiche Malerin, mußte mit dem Malen vor zehn Jahren aufhören, als ihre Hände schmerzhaft rheumatisch wurden. Ihre verlorene Kreativität blieb für sie eine Qual. Ihr Sohn war verheiratet und hatte seine eigene Familie. Er liebte seine Eltern zwar, aber sein Hauptinteresse galt doch seinem eigenen Leben und seiner Karriere.

Herr Kinsey war immer ein zwar sehr begabter, aber schwieriger Mann: Es war ihm immer schwergefallen, selbst Entscheidungen zu treffen, und er hatte es seinen Kollegen, seiner Sekretärin und seiner Frau überlassen, das für ihn zu tun. Aber selbst wenn Entscheidungen getroffen waren, suchte er immer wieder Mittel und Wege, sie zu verändern, und wenn etwas in seinem Beruf oder in seinem persönlichen Leben schiefging, gab er nie sich selbst die Schuld, sondern immer den anderen. Diese Haltung verstärkte sich im hohen Alter, so daß es schließlich kaum noch mit ihm auszuhalten war. Seine immer häufigeren Ausbrüche von schlechter Laune fingen an, sich auf seine Frau auszuwirken. Ihr Rheumatismus erschwerte es ihr, Hausarbeiten genau und pünktlich zu erledigen, und wenn immer etwas schiefging, dann vergrößerten Tadel und Ungeduld ihres Mannes ihren eigenen Kummer, wobei sie in einen Zustand von Angst und Verwirrung geriet, auf den er mit einer Art Panik reagierte.

Schließlich führte dieser Teufelskreis dazu, daß Frau Kinsey einen Nervenzusammenbruch erlitt. Sie wurde in ein psychiatrisches Krankenhaus überwiesen, wo sie furchtbar unglücklich und verzweifelt ist. Ihr Mann hält sich seinerseits so viel wie möglich von ihr fern. Er scheint eine Ansteckung durch ihre psychische Unsicherheit zu befürchten und macht gelegentlich deutlich, daß er fühlt, es wäre besser für sie beide, wenn sie nicht mehr lebte. Er hat bei solchen Gedanken ein schlechtes Gewissen, und seine mehr oder weniger unbewußte Wahrnehmung, daß er zu ihrem Zusammmenbruch beigetragen hat, überschattet sein eigenes Alter (sie sind jetzt beide über achtzig) so sehr, daß er sich kaum seiner recht guten körperlichen Gesundheit und seiner unverminderten geistigen Kräfte freuen kann. Allem Anschein nach spürt er, daß er diese Wohltaten auf Kosten seiner Frau besitzt. Und da ist auch etwas Wahres dran, denn seine lebenslangen Projektionen von Versagen auf seine Frau konnte diese nur so lange ertragen, als sie gut beieinander und schöpferisch tätig war.

Im Gegensatz dazu kann ein Paar, das in seiner Ehe früher eine anstrengende Beziehung hatte, reifen und lernen, seine Toleranz zu vergrößern, um sich in späteren Jahren einer glücklichen Beziehung zu erfreuen. Marie Braun war die mittlere Tochter wohlhabender, recht selbstzufriedener Eltern, die einen schon lange bestehenden Familienbetrieb besaßen. Wo immer Jungen zu finden waren, da war sie auch, und ihre Eltern beobachteten sie mit Sorge. Sie waren erleichtert, als sie sich mit Fred verlobte, hofften aber nichtsdestoweniger, daß das Verlöbnis nicht zur Heirat führen würde, weil sie seine Familie nicht für ebenbürtig und für moralisch etwas zweifelhaft hielten. Als Marie jedoch ihren Eltern einige Monate später mitteilte, sie sei schwanger, packten sie das schluchzende Mädchen in ein Taxi, fuhren mit ihr zu Fred nach Hause und bestanden auf dem frühest möglichen Termin für die Trauung. Diese fand fast in aller Heimlichkeit auf einem Standesamt statt, grundverschieden von den großen, vergnügten Hochzeitsfeiern, die für die beiden Schwestern von Marie ausgerichtet worden waren. Es war kein glücklicher Anfang für das junge Paar.

Als dann allerdings ein Junge zur Welt kam, war das für die Großeltern eine große Freude, denn sie hatten ihren einzigen Sohn als kleines Kind verloren. Für Marie bedeutete es die Erfüllung ihrer natürlichen mütterlichen Gefühle. Doch zugleich brachte das Kind Belastungen in die Beziehung zwischen den jungen Eheleuten, die bereits begonnen hatten, sich verbal und körperlich zu streiten. Zweimal packte Marie ihren kleinen Sohn und ging mit ihm in ihr Elternhaus zurück, zweimal wurde sie stehenden Fußes wieder zu ihrem Mann zurückbefördert. Ihre Eltern bekamen den Eindruck, daß sie keine Ausdauer habe, und stellten sich immer mehr auf die Seite des Schwiegersohnes. Zu gegebener Zeit wurde Fred in das Braunsche Familienunternehmen aufgenommen, und als sein Schwiegervater in den Ruhestand trat, übernahm er die Leitung des Unternehmens. Marie, die immer für ihren Vater gearbeitet hatte, arbeitete jetzt an der Seite ihres Mannes. Die Tatsache, daß sie nun ständig zusammen waren, vergrößerte noch die ohnehin stürmische Situation ihrer Ehe, die nur noch durch gesellschaftlichen Druck, wirtschaftliche Notwendigkeit und eine eigentümliche, aber ziemlich gewalttätige sexuelle Beziehung zusammengehalten wurde.

Als 1939 der Krieg ausbrach, meldete sich Fred, der schon zu alt war, um eingezogen zu werden, freiwillig zur Armee, hauptsächlich um von seiner Frau wegzukommen. Marie führte nun das Geschäft allein, und die ihren Enkel vergötternden Großeltern übernahmen mit Freuden seine Versorgung. Marie, die jetzt Ende Dreißig war, hatte eine zufällige Affäre mit einem in der Stadt stationierten Soldaten und erwartete ein Kind von ihm. Als Fred auf Urlaub kam, verlangte er, daß sie das Kind loswerden solle, und vereinbarte eine private Abtreibung. Er bezahlte die Gebühr für die Klinik, stoppte dann aber die Auszahlung des kleinen Gehalts seiner Frau, das sie aus dem Betrieb bekam, bis der letzte Pfennig dafür wieder eingebracht war. Seine neue Machtstellung wurde noch dadurch verstärkt, daß Marie Angst hatte, er werde ihren Eltern den Fehltritt verraten.

Bald nach Kriegsende starben Maries Eltern. Der Sohn, der ein guter Schüler gewesen war, ging auf die Universität und kam nicht mehr ins Elternhaus zurück, um dort zu leben. Fred und Marie lebten jetzt zum erstenmal in ihrem Leben als Ehepaar für sich. Diese neue Situation verbesserte ihre Beziehung. Es schien jetzt nicht mehr so wichtig, wer von ihnen beiden mächtiger war, und ihr Leben verlief jetzt glatter.

Als Fred über sechzig war, erlitt er einen schweren Herzanfall. Sie mußten das Geschäft verkaufen, und Fred, jetzt ein erschrockener kranker Mann, befand sich in der Gewalt seiner Frau. Doch Maries natürliche mütterliche Instinkte blieben ausschlaggebend. Sie versorgte Fred bestens, und er nutzte seine neue Rolle als abhängiges Kind weidlich aus. Diese Situation verbesserte die Qualität ihres Lebens, und es ging etwa fünfzehn Jahre lang mit ihnen so weiter. Dann hatte Marie einen Schlaganfall, und Fred war wie am Boden zerstört vor Angst, sie zu verlieren. Bis dahin war er kaum fähig gewesen, allein aus dem Bett aufzustehen, doch als sie aus dem Krankenhaus heimkam, fand er, obwohl sie weniger behindert war, als er gefürchtet hatte, unerwartete Kräfte in sich, um ihr beim Einkaufen und bei der Hausarbeit zu helfen, und vermittelte ihr das Gefühl, wie viel er sich aus ihr mache. Und so leben sie weiter, und einer sorgt für den andern. Sie konnten einen Grad von unerwarteter Gemeinsamkeit erst dann erreichen, als beide in ihrem hohen Alter geschwächt waren.

Solche interaktiven Prozesse können nicht nur bei Ehepartnern beobachtet werden, sondern auch zwischen Geschwistern. Die Gefühle und Bindungen aus Kindheit und früher Jugend bleiben die wichtigsten und bindendsten im Leben eines jeden Menschen, auch wenn man sich nicht an sie erinnern kann und sie im Unbewußten begraben sind. Im Alter verstärkt sich die Bedeutung solcher frühen Bindungen, und ganz besonders nach dem Verlust eines Ehepartners. Selbst Leute, die einen großen Freundeskreis haben, ziehen mit zunehmendem Alter die Gesellschaft von Angehörigen vor, die Bindeglieder zu ihrem früheren Leben darstellen. Die Unterhaltungen, die mit »Weißt du noch . . .« anfangen, werden immer wichtiger. Das wichtigste Band bleibt die Beziehung zu Geschwistern, weil die ursprüngliche Kindheitsbeziehung grundlegend unverändert erhalten bleibt, wie sehr sich die äußeren Umstände auch ändern mögen. Obwohl es reiner Zufall ist, ob ein Kind das älteste oder jüngste ist, ob es die große Schwester oder der kleine Bruder ist, wird doch die Rolle, die er oder sie in der Kindheitsfamilie spielte, sich auf alle Beziehungen während des Lebens auswirken.

Das zeigt sich deutlich bei der Familie Pitt. Dort waren zwei Söhne und eine Tochter, Gina. Sie war das mittlere Kind, drei Jahre jünger als ihr älterer Bruder und fünf Jahre älter als der Jüngste. Der Vater starb, als sie alle noch nicht zwanzig waren, und die Mutter, eine recht beherrschende Frau, verweigerte ihrer Tochter einen eigenen Berufsweg, behielt sie zu Hause und machte dennoch ganz deutlich, wieviel lieber ihr die beiden Söhne waren. Wenn Gina der Mutter auch gehorchte, war ihre Beziehung zu ihr doch äußerst zwiespältig. Ihren beiden Brüdern fühlte sie sich eng verbunden und entwickelte ein starkes Gefühl der Verantwortung für sie. Die ihrerseits verwöhnten sie und hörten auf ihren Rat, solange sie noch nicht verheiratet waren. Als sie dann aber bald nach dem Tod der Mutter beide heirateten, mußte sich Gina in doppelter Weise umstellen. Es fiel ihr schwer, mit ihren Schwägerinnen eine positive Beziehung aufzubauen, und sie war sich nach dem Tod ihrer Mutter unsicher, was sie mit ihrer Freiheit anfangen sollte. Die Vorliebe der Mutter für die Brüder scheint sie ihr nicht übelgenommen zu haben. Sie zeigte, als sie den Schmuck der Mutter erbte, offensichtlich belustigt ein goldenes Medaillon herum, das Rahmen für drei Fotos hatte. Der mittlere war leer geblieben, während sich in den beiden anderen Fotografien ihrer Brüder befanden.

Der älteste Bruder ging bald nach seiner Heirat ins Ausland. Der Jüngere heiratete ein sehr attraktives Mädchen, und sie hatten einen Sohn, der nach Schulabschluß von der Familie wegzog, und eine Tochter, die unverheiratet blieb. Diese starb mit Anfang vierzig an Krebs, wenige Monate vor dem Tod ihrer Mutter. So stand Ginas jüngerer Bruder plötzlich allein da, ohne Frau und Tochter, und war natürlich sehr niedergeschlagen. Seine Schwester sah es als ihre Aufgabe und Erfüllung an, ihr eigenes Leben aufzugeben, um für ihn zu sorgen. Obwohl der Bruder ihre Hilfe jetzt dringend brauchte, nahm er es ihr übel, daß sie »die Amtsgewalt übernahm«, und ihre Beziehung wurde in der Folgezeit äußerst gespannt. Die Lage wurde durch Nachbarn und Freunde des Bruders gerettet, die ihn sehr stützten. Sie besorgten ihm eine nette, tüchtige Haushilfe, und er nahm sich einer Katze an, die sich als großer Charakter zeigte und ihm sehr zugetan war. Unter diesen veränderten Umständen konnte Gina das Getue um ihren Bruder und die Verwöhnerei aufgeben, und er gewann seine positive Einstellung zu ihr zurück. Als die mittlerweile siebenundachtzigjährige Gina neulich voller Überzeugung sagte: »Mein Alter ist die glücklichste Zeit meines Lebens«, wollte sie damit wohl zum Ausdruck bringen, daß es ihr endlich gelungen war, ihre widerstreitenden Gefühle den Brüdern gegenüber aufzulösen, und daß sie jetzt frei ist, sie selbst zu sein, ohne Eifersucht und Schuld zu empfinden.

Bis jetzt haben wir uns in diesem Kapitel mit den Beziehungen von Mensch zu Mensch befaßt: zwischen Mann und Frau, zwischen Bruder und Schwester. Wo aber ein altes Ehepaar noch immer im Mittelpunkt eines ganzen Gewebes von Beziehungen steht, das sich über Generationen erstreckt und durch die einzelnen Familienmitglieder darüber hinaus auf die Gemeinde, wundert man sich manchmal, wie bei den Alten trotz ziemlich schwerer körperlicher Leiden und materieller Schwierigkeiten die Lebensfreude ungeschmälert erhalten bleibt.

Herr James, der vierzig Jahre lang Busfahrer war, leidet an Parkinsonscher Krankheit und ist kaum in der Lage, für sich selbst zu sorgen. Er und seine Frau, beide achtzig Jahre alt, haben kürzlich ihren sechzigsten Hochzeitstag gefeiert. Sie trafen sich 1917, als beide bei der Armee waren. Frau James war eine der ersten weiblichen Soldaten in Großbritannien, und er war ein Lastwagenfahrer. Sie lernten sich bei einem Tanz kennen, und es war Liebe auf den ersten Blick. Sobald sie aus der Armee entlassen wurden, heirateten sie. Das war 1919. Beide stammten aus großen Familien, und da sie gar keine Aussichten hatten, eine eigene Wohnung zu finden, zogen sie zur Familie von Herrn James nach Birmingham. Innerhalb eines Jahres hatten sie Zwillingssöhne. Das waren schwere Zeiten, nicht nur, weil sie beengt wohnten und so gar kein eigenes Geld hatten – denn es gab damals keine staatliche Unterstützung für entlassene Soldaten –, sondern vor allen Dingen, weil es Herrn James nicht gelang, irgendwo Arbeit zu finden. In seiner Verzweiflung schrieb er an den Major, mit dem er in der Armee gearbeitet hatte und der inzwischen in London lebte und ein Parlamentsabgeordneter geworden war. Dieser bot auch sofort an, ihm behilflich zu sein, und konnte ihm versprechen, daß er ihn bei den Londoner Verkehrsbetrieben unterbringen könne, aber dazu müsse er sich in London vorstellen. Es war völlig unmöglich, das Fahrgeld für die Eisenbahn aufzubringen, und so radelte Herr James von Birmingham nach London. Als ich ihn etwas erstaunt ansah, besonders als mir klar war, daß er dann am gleichen Tag zurückgeradelt ist, sagte er: »Ja, das war dann gar nicht schwer, denn da hatte ich etwas Geld in der Tasche für den Umzug und das Versprechen einer Stellung.«

Nach wenigen Wochen zog die Familie in den Norden von London, und den Zwillingssöhnen folgten innerhalb von zwei Jahren zwei Töchter. Das Geld war furchtbar knapp, und Frau James mußte ihre Kinder bei einer freundlichen Nachbarin lassen und arbeiten gehen, zuerst als Putzfrau und bald als Köchin in Schulen. Aber trotz aller Schwierigkeiten, die diese junge Familie hatte, waren sie miteinander und mit ihren Kindern unendlich glücklich. Die Kinder sind alle gesunde, glückliche Erwachsene geworden und fanden ihrerseits gute, liebevolle Ehepartner, die zu zärtlichen Mitgliedern der Familie James wurden.

Ihren sechzigsten Hochzeitstag haben Herr und Frau James mit einem großen Familienfest gefeiert, an dem die vier Kinder mit ihren Ehepartnern und neun Enkelkinder teilnahmen, von denen sechs bereits verheiratet sind und zusammen fünf Kinder haben. Mehrere Enkel sind auf Universitäten gegangen und sind über die Lebensverhältnisse der Arbeiterklasse, aus der sie stammen, hinausgewachsen. Doch das stört die unendlich nahe Beziehung zu den Großeltern in gar keiner Weise. Frau James, die Tag und Nacht für ihren Mann sorgen muß, hat zwei verwitwete Schwestern und einen verwitweten Bruder, die alle im gleichen Block von Sozialwohnungen leben und ihr etwas Entlastung und Hilfe geben können. Das örtliche Sozialamt bietet jede nur mögliche Hilfe, damit der Patient zu Hause leben kann: dreimal in der Woche kommt eine Haushaltshilfe, und jeden Morgen wird Herr James von einer Gemeindeschwester versorgt. Frau James pflegt ihren Mann mit Zärtlichkeit, aber sie ist doch realistisch genug, sich selbst eine gelegentliche Atempause zu gönnen, einen kleinen Ausflug mit ihren Schwestern und alljährlich einen vierzehntägigen Urlaub, für den das Sozialamt sorgt. Während dieser Zeit zieht Herr James zu einem seiner Söhne, der kürzlich in Pension ging, und er empfindet das für sich selbst auch als »Luftveränderung«. Kinder und Enkel haben einen Besuchsplan aufgestellt, und fast jeden Tag besucht sie wenigstens einer von ihnen. Frau James ist vernünftig genug, ihnen einfach nur eine Tasse Tee anzubieten, und wenn sie etwas essen wollen, bringen sie es selber mit. Diese realistische Haltung, kombiniert mit einer heiteren Annahme von Krankheit und hohem Alter, ermöglicht ihnen, zufrieden zu bleiben und voller Dankbarkeit für all die Hilfe, die ihnen das örtliche Sozialamt gibt.

Die Geschichte von Herrn und Frau James zeigt, daß es nicht die äußere, sondern die innere Welt ist, die ein solches »erfreuliches altes Paar« ausmacht. Sie bestätigt auch die Schlußfolgerung, zu der Peter Townsend kommt. Er sagt, wenn Kinder oder andere enge Verwandte nahe genug wohnen, um mit alten Leuten in regelmäßigem Kontakt zu bleiben, ihnen Hilfe anbieten, wenn sie nötig ist, ihnen aber auch die Möglichkeit geben, der jüngeren Generation zu helfen, und sich von dieser erwünscht fühlen, dann sei das die beste Therapie für ein gutes langes Leben. Townsend schreibt über die Verhältnisse im Londoner East End, und es ist schwer zu sagen, wieweit seine Erkenntnisse auch auf andere Teile der Welt zutreffen; aber der Befund legt nahe, daß sie die Art Beziehung beschreiben, die auch im industriellen Norden Englands üblich ist. Auch dort ziehen es Großeltern jetzt vor, im eigenen Zuhause zu bleiben, und Kinder und Enkel halten auch weiterhin regelmäßigen engen Kontakt mit ihnen, der immer ein Teil ihres Lebens war.

Wenn aus irgendwelchen Gründen im Leben alter Menschen diese ständige Interaktion über die Generationen hinweg fehlt, wie wir sie sowohl im Haushalt der Familie James sahen wie auch bei den geschilderten anderen, dann kann die Gefahr entstehen, daß sie ihrer Gemeinde und den Menschen in ihrer Nähe ihr Interesse und ihre Beteiligung entziehen, weil ihrem Leben die nach vorwärts gerichtete Dimension fehlt, die es ihnen ermöglicht, auch weiterhin mit anderen in Beziehung zu bleiben.

Die Beziehung, die einzigartig ist fürs Alter, ist die zwischen Großeltern und Enkelkindern. Denn sie bietet, was sich alle Sterblichen wünschen: die Hoffnung auf Kontinuität. Es kommt nicht selten vor, daß ein sehr kranker alter Mensch noch bis zur Geburt eines Enkelkindes am Leben bleibt und dann bald darauf stirbt. Es ist, als ob das Kind das Leben für den Großvater oder die Großmutter weiterführen würde, indem es Hoffnung auf eine Art persönliche Unsterblichkeit anbietet. Schöpferische alte Menschen können diese Empfindung der Kontinuität auch durch ihre literarischen oder künstlerischen Leistungen gewinnen oder durch etwas, das es ihnen ermöglichte, dazu beizutragen, die Welt ein wenig besser zu machen. Selbst das Wissen, daß ein Garten weiter da sein wird, den sie oder er angelegt hat, mag einem einzelnen helfen, friedlich zu sterben.

Die Freude an eigenen Enkeln, die eine gefühlsmäßige Kontinuität über das eigene Leben hinaus versprechen, ist oft erstaunlich groß. Ein fünfundneunzigjähriger Mann, dessen alleinstehende Tochter zu ihm zog, als seine Frau starb, ist zufrieden und anspruchslos. Trotz nahezu völliger Blindheit und zunehmender Taubheit hat er sich sein Interesse an der Welt bewahrt. Die häufigen Besuche seiner dreijährigen Urenkelin erfreuen ihn ganz besonders. Das Kind kuschelt sich gern so nah wie möglich an ihn, legt seinen Kopf auf seine Brust und erzählt ihm Geschichten, die er gar nicht hören kann. Aber während die Urenkelin spricht, liebkost er sie und verwendet ihr gegenüber dieselben Zärtlichkeiten, wie er sie für seine geliebte Frau gewöhnt war. Als seine Tochter das in einem Gespräch einmal anmerkte, sagte er: »Ja, sie erinnert mich an deine Mutter, und ihr fühle ich mich besonders nahe, wenn das Kind bei mir ist.«

Nicht nur das Bedürfnis, die Erinnerung an einen verstorbenen Ehepartner lebendig zu erhalten, kann in der Beziehung von Großeltern zu Enkeln deutlich werden, sondern auch andere Bedürfnisse, die manchmal kaum bewußt werden. So versuchte zum Beispiel Hanna, die Großmutter von Heinz, ihn an die Stelle ihres ältesten Sohnes zu setzen. Hanna war die älteste Tochter eines Schreiners, der starb, bevor sie zwanzig war. Von da an sorgte sie für ihre Mutter und ihre jüngeren Geschwister. Die Mutter wurde gesundheitlich zunehmend anfälliger, und die Nähe zu ihrer ältesten Tochter war eine große Stütze für sie. Hanna konnte so nicht gut an eine eigene Heirat denken. Doch als die Mutter gestorben war, heiratete sie bald darauf einen jungen Eisenbahner, einen ruhigen, liebevollen Mann, mit dem sie zwölf Kinder hatte, fünf Buben und sieben Mädchen. Ihr ältester Sohn Frank war ihr am liebsten von allen, während ihr Mann das zweite Kind, eine Tochter, Trude, vorzog, die zu Anfang des Zweiten Weltkrieges heiratete.

Hanna gab sich grenzenlose Mühe, ihrem ältesten Sohn eine gute Schulbildung zu ermöglichen, und schickte ihn trotz großer finanzieller Schwierigkeiten in ein Internat. Sie war eine überzeugte Katholikin und freute sich, als Frank beschloß, Missionspriester zu werden. Aber noch während seines Studiums wurde er eingezogen und fiel an der Front. Später blieben noch drei weitere Söhne im Krieg. Hanna setzten diese Verluste dermaßen zu, daß sie zusammenbrach und sich davon nie wieder ganz erholte. Ihr Mann, der im Ersten Weltkrieg selbst mehrere Brüder verloren hatte, sprang ein und sorgte für sie und den Rest der Familie. Hannas einziger Trost war, daß ihre Tochter Trude drei Söhne zur Welt brachte. Der letzte von ihnen, Heinz, wurde wenige Monate nach dem Tod seines Vaters geboren, etwa zur gleichen Zeit, als Hannas jüngster Sohn Herbert nur wenige Wochen nach seiner Einberufung getötet wurde.

Heinz wurde für seine Großeltern besonders wichtig, einmal, weil sein Großvater für ihn zu einer Vaterfigur wurde, aber auch weil seine Freude am Lernen und manche seiner Charakterzüge Hanna an ihren geliebten ältesten Sohn Frank erinnerten. Genauso wie sie das bei Frank getan hatte, spornte sie auch Heinz zu guten Schulleistungen an. Weder sie noch ihr Mann wurden je unwillig, wenn Heinz sie mit seinen endlosen Fragen quälte, und freuten sich besonders, wenn diese Geschichte und Religion betrafen, die Franks spezielle Interessengebiete gewesen waren. Als Heinz zwölf Jahre alt wurde, händigte ihm seine Großmutter als Geburtstagsüberraschung den Schlüssel zum Wohnzimmerschrank aus, in dem Franks Bücher seit dessen Tod weggeschlossen waren. Heinz begegnete zum ersten Mal den Klassikern von Homer bis Shakespeare, und der Junge war begeistert. Das Zutrauen seiner Großeltern trug viel zu seiner persönlichen Entwicklung bei, und diese wiederum ermöglichte es ihnen, trotz all ihrer großen Verluste zu spüren, daß ihr Leben noch lohnte.

Zu der Zeit, als Hannas Gesundheit immer schlechter wurde und es unverkennbar war, daß sie nicht mehr lange leben würde, war Heinz, inzwischen selbst einundzwanzig Jahre alt, zum Vertrauten seiner Großeltern geworden, und sie teilten mit ihm die Gefühle über den bevorstehenden Verlust. Nach Hannas Beerdigung stützte sich der trauernde Großvater beim Heimweg auf den Arm seines jüngsten Enkels. Noch kein halbes Jahr später brach er eines Morgens auf dem Weg von der Kirche nach Hause zusammen und war sofort tot.

Nach dem Tod seiner beiden Großeltern richtete sich Heinz sein Leben so ein, daß er ihre Hoffnungen auf ihn erfüllen konnte. Zweifellos hätten beide Großeltern weitaus größeren Schmerz und erhebliche Schwierigkeiten erfahren, mit dem Tod von vier Söhnen fertig zu werden, wäre damals nicht Heinz geboren worden und hätten sie sich nicht in dieser Weise während seiner Kindheit um ihn kümmern können. Und es ist ebenso wahr, daß ihre uneingeschränkte Zuneigung während all der Jahre, in denen Heinz heranwuchs, sehr dazu betrug, sein Leben und seine Beziehungen zu formen.

Wenn der Tod eines Ehepartners im hohen Alter die lange

Lebensgemeinschaft zerreißt, kann man immer wieder beobachten, wie die Enkelkinder dem Überlebenden einen neuen Lebensinhalt geben können. Ein solches Bedürfnis kann überwältigend stark sein. In Fällen, wo eine Mutter arbeiten geht, kann die Großmutter oft einspringen und damit ihr eigenes Bedürfnis erfüllen, wie auch das der Familie. Eine Frau, deren Mann starb, als ihr jüngstes Kind erst ein Jahr alt war, mühte sich ihr ganzes Leben in großer Armut ab, um nach ihren Kindern zu sehen und sie zu ernähren. Als die dann erwachsen waren, ersetzte sie diese mit ihren Enkeln und versorgte sie in dem Durcheinander des Krieges mit einem Zuhause. Dann kam der Bescheid, daß die Schule der Enkel aufs Land evakuiert würde. Obwohl die Großmutter einsah, daß dies für die Sicherheit der Kinder notwendig war, empfand sie doch eine tiefe Niedergeschlagenheit darüber, jetzt nicht länger gebraucht zu werden, und starb innerhalb weniger Wochen.

Ein verwitweter Großvater, der sich seinen Lebensunterhalt mit einer ihm nicht angemessenen Arbeit hatte verdienen müssen, ist heute hocherfreut darüber, daß sowohl einer seiner Enkel wie auch eine Enkelin Berufe ausüben, die ihn zutiefst interessieren. Der Enkel ist Kameramann und filmt hauptsächlich Dokumentationen über soziale Fragen, die beide gleichermaßen interessieren. Die Enkelin restauriert alte Bilder, und das ist ein weiterer Interessenbereich des Großvaters. Kürzlich erhielt sie einen bedeutenden Auftrag in der Heimatstadt des Großvaters, in die er selbst seit dem letzten Krieg nicht wieder hatte zurückkehren können. Beide Enkel sprechen ihre Arbeit gern mit ihm durch und machen deutlich, wie wichtig ihr Großvater für sie ist. Er seinerseits hat das Gefühl, daß sie einige seiner künstlerischen und intellektuellen Bestrebungen zur Erfüllung bringen und daß er jetzt durch sie lebt.

Viele Großeltern sind jedoch nicht in der Lage, ihre traditionelle Rolle zu spielen, weil ihre Familien auseinandergerissen sind. Kinder und Enkel sind vielleicht sogar auf einen anderen Kontinent gezogen, was Besuche unmöglich oder sehr unregelmäßig macht, und die Großeltern müssen sich mit Fotos oder bestenfalls mit Tonbändern ihrer Enkel begnügen. Oder die Ehe eines Sohnes oder einer Tochter ist zerbrochen, der

Schwiegersohn oder die Schwiegertochter hat das Sorgerecht für die Kinder, und die Großeltern verlieren den Kontakt. Und wenn sich dann der Sohn oder die Tochter wiederverheiratet, und der neue Partner bringt eigene Kinder mit in die Ehe, müssen sich die Großeltern erst an eine neue, erweiterte Familie und an andere Enkel gewöhnen, die wohl auch ihre Zuwendung suchen.

Es kommt auch vor, daß Großeltern auf ihre Enkel eifersüchtig sind: »Die leben in besseren Zeiten als wir damals; zuviel Geld und nicht genug Disziplin.« In einem späteren Kapitel werde ich jedoch darauf eingehen, wie häufig Großeltern erstaunlicherweise den sexuellen Lebensstil ihrer Enkel akzeptieren.

Natürlich wird die Beziehung zu den Enkeln bestimmt durch die Art der Beziehung zu der Zwischengeneration. Ich habe mit mehreren Großmüttern gesprochen, denen die Beziehung zu ihren Enkelinnen sehr viel leichter fällt als damals zu ihren eigenen Töchtern, und es ist interessant, wie viele dieser Enkelinnen sich für den Beruf ihrer Großmutter entschieden haben, der von ihren Müttern immer abgelehnt worden war. Wenn negative Gefühle die Beziehung zwischen Eltern und Kindern beherrscht haben, dann können sie zu Kritik an der Erziehung der Enkelkinder führen. Es kommt zu Versuchen, die Kinder ihren Eltern zu entfremden, indem die Großeltern sie mit Geschenken und Vergnügungen verwöhnen und damit die Zuneigung zu erlangen suchen, die sie in der Beziehung zu den Eltern der Kinder vermißt haben.

Enkelkinder können auch Gefühle der Schuld und des Versagens hervorrufen. Manche Frauen, die während ihrer Schwangerschaft und in ihrem Wochenbett traumatische Erlebnisse hatten, können diese wiedererleben, wenn ihre Töchter Kinder bekommen. Eine solche Frau, eine Jüdin, deren Mann sie vor der Geburt ihres einzigen Kindes, einer Tochter, verlassen hatte, war bestürzt gewesen, als dieses Mädchen mit zwanzig Jahren einen nichtjüdischen Deutschen heiratete und mit ihm nach Deutschland zog, in das Land, in dem die Mutter sich verfolgt gefühlt hatte und in das sie ihrer

Tochter nicht folgen wollte. Trotz dieser »Tragödie« blieben Mutter und Tochter durch Briefe und Telefongespräche in freundschaftlichem Kontakt, und als die Tochter schwanger wurde, begann die Mutter ein neues Leben. Als die Tochter dann aber eine Fehlgeburt hatte, erlitt die Mutter einen Nervenzusammenbruch und entwickelte physische Symptome, als ob sie selbst eine Fehlgeburt gehabt hätte. Sie beschuldigte sich selbst und sagte: »Ich habe ja immer alles zerstört, was ich geliebt habe.«

Viele junge Großeltern lehnen die neue Rolle ab, die sie ihrer Ansicht nach zu alten Leuten macht, und führen sich auf, als ob sie Altersgenossen ihrer Enkel wären, besonders dann, wenn diese anfangen erwachsen zu werden. Wenn das auch beiden Seiten Spaß machen kann, so beraubt es die Enkel nichtsdestoweniger der so wichtigen besonderen Beziehung zu ihren Großeltern.

Man darf aber nicht vergessen, daß in dieser Beziehung wie in jeder anderen der Gewinn auf beiden Seiten ist. Enkelkinder können durch ihre Großeltern sehr viel lernen; sie können besser verstehen, wo sie hingehören, wissen, wer sie eigentlich sind, wenn sie ihnen zuhören. Besonders wenn sie noch klein sind, hilft es ihnen, bei den Großeltern Fotos und andere Andenken anzusehen und Geschichten über ihre eigene Mutter und ihren eigenen Vater zu hören, als die noch Kinder waren. Oft verhelfen Enkel ihren Großeltern dazu, sich wieder jung zu fühlen, weil sie sich ihnen gegenüber nach wie vor so verhalten wie damals, als sie noch klein und die Großeltern jünger und aktiver waren. Man hat mir zum Beispiel von einem heranwachsenden Enkel berichtet, der seine mittlerweile alt gewordenen Großeltern auf eine steile Klippe mitschleppte, auf die sie zehn Jahre vorher miteinander hinaufgestiegen waren, um die Aussicht zu genießen. Andere Familienmitglieder konnten nachher kaum glauben, daß die Großeltern diese Kletterei noch geschafft hatten. Daß sie es taten und daß es ihnen Spaß machte, hing viel von dem Gespür körperlicher Unterstützung ab, die sie von ihrem Enkel erhielten.

Die Sperre gegenüber körperlicher Nähe, die in der Beziehung zu Sohn oder Tochter bestand, ist häufig in der Beziehung zu den Enkelkindern aufgehoben. Großvätern scheint der Flirt mit ihrer heranwachsenden Enkelin Spaß zu machen, und Großmütter mögen sich angenehm erregt fühlen, wenn der Enkelsohn Aufheben um sie macht. Ich habe neulich mit angehört, wie zwei Großmütter über ihre Enkel sprachen: »Dein Tommy ist reizend, ein hübscher Junge!« Das verleitete die andere zur Antwort: »Ja, ich muß zugeben, ich bin recht verknallt in ihn.«

Es gibt jedoch auch noch andere Gründe dafür, weshalb kinderlose Frauen oft bemerken, es sei ein schwererer Verlust für sie, keine Enkelkinder zu haben, als auf eigene Kinder verzichtet haben zu müssen. Und das äußert sich besonders stark nach dem Verlust eines Ehepartners. Alte Menschen brauchen es, sich nützlich zu fühlen. Sie wollen nicht nur versorgt sein und Dinge annehmen, sie wollen auch spüren, daß sie anderen noch etwas zu geben haben: Wenn immer man dieses Bedürfnis berufsmäßig betrachtet, dann sieht man üblicherweise die naheliegende Lösung in der Großelternrolle begründet. Wo diese Beziehung nicht existiert, versucht man, sie auf alle mögliche Art und Weise zu schaffen. Man regt Kinder dazu an, Altersheime zu besuchen und dort für Unterhaltung zu sorgen. Andererseits wird alten Leuten die Möglichkeit angeboten, ein Enkelkind zu »adoptieren« und zu versuchen, mit ihm eine persönliche Beziehung anzuknüpfen und einige der Dinge mit ihm zu tun, die wirkliche Großeltern mit ihm normalerweise auch anstellen würden. In einigen der Pestalozzi-Kinderdörfer für Waisen in Deutschland und der Schweiz plant man Wohnungen oder Bungalows für ältere Ehepaare mit ein, die eine Großelternfunktion übernehmen wollen. Das kann sowohl für die Alten wie für die Jungen eine sehr bereichernde Erfahrung werden und beiden große Freude geben. Es gibt auch die Hoffnung, daß es jungen Menschen hilft, eine liebevolle Beziehung zu alten Menschen zu entwikkeln und hohes Alter nicht nur als Tragödie zu sehen, sondern als wertvollen Teil des Lebens, und daher nicht so verängstigt zu sein bei dem Gedanken, selber einmal alt zu werden.

ABHÄNGIGKEIT UND UNABHÄNGIGKEIT

Abhängigkeit und Unabhängigkeit sind bei alten Menschen oft widersprechende Bedürfnisse, und es ist gar nicht leicht, ihnen darin gerecht zu werden. Die meisten alten Menschen wollen besonders in unserer Zeit um jeden Preis unabhängig sein, obwohl jeder alte Mensch zu Zeiten von Krankheit oder schwierigen Umständen jemanden braucht, von dem er abhängig sein kann. Trotz dieser Situation hört man immer wieder, daß angebotene Hilfe oft abgelehnt wird, wahrscheinlich meist wegen der Angst des alten Menschen, daß selbst vorübergehende Annahme von Hilfe seine Unabhängigkeit bedroht.

Eine meiner Kolleginnen, eine Sozialarbeiterin, hatte eine körperlich sehr behinderte alte Frau, eine Frau Schmitt, auf ihrer Besuchsliste. Sie lebte allein in einem abgelegenen Vorort, durch den meine Kollegin jeden Tag auf ihrem Heimweg fahren mußte. Als sie sie das erste Mal besuchen wollte, wartete sie sehr lange darauf, daß jemand auf ihr Klingeln antwortete. Als schließlich die Tür einen Spalt geöffnet wurde, blieb die Kette drin; und als meine Kollegin sich als jemand vom örtlichen Sozialamt vorstellte, sah Frau Schmitt sie sehr mißtrauisch an und schlug ihr wortlos die Tür vor der Nase zu. Aber meine Kollegin wußte etwas von diesem Kampf um Abhängigkeit und Unabhängigkeit und gab nicht so schnell auf. Sie klingelte jeden Tag auf ihrem Heimweg an der Tür von Frau Schmitt, wartete lange genug, bis die alte Dame zur Tür hätte kommen können, und hörte auch ihre zögernden Schritte, und wenn die Tür dann nicht geöffnet wurde – und das war jedesmal so –, warf sie ein vorbereitetes kleines Briefchen durch den Briefschlitz der Haustüre und ging weg. In diesem Briefchen sagte sie jedesmal: »Ich komme morgen wieder!« Nachdem sie das so ungefähr eine Woche lang getan hatte, hörte sie nach ihrem Klingeln nicht mehr die langsamen Schritte der alten Frau und ahnte, daß Frau Schmitt bereits an der Tür stand und darauf wartete, daß es läutete und das Briefchen durch den Schlitz fiel.

Dies ermutigte meine Kollegin, ihre täglichen Besuche immer weiter fortzusetzen, bis nach vielen Wochen eines Tages, als es draußen strömend goß, sich die Tür öffnete, als sie gerade ihren Brief einwerfen wollte. Die Kette war immer noch vorgelegt. Aber als sie sagte: »Ich bin triefend naß. Darf ich hereinkommen?«, machte Frau Schmitt die Tür auf und führte sie in die Küche, wo der Tisch gedeckt war und eine Kanne heißer Tee auf sie wartete. Dies wurde dankbar angenommen. Frau Schmitt war die Gastgeberin, meine Kollegin der Gast, und es wurde nichts gesagt, was nicht zu dieser Situation paßte. Als meine Kollegin dann weggehen wollte, fragte sie, wann es denn Frau Schmitt passen würde, sie wiederzusehen. Ohne einen Moment zu zögern, schlug sie die bereits übliche Zeit vor. Inzwischen hatte sie ja gemerkt, daß ihre Besucherin verstanden hatte, wie wichtig es ihr war, die Situation in der eigenen Hand zu behalten; sie hatte nun keine Angst mehr, ihre Unabhängigkeit zu verlieren.

Diese Angst alter Menschen, ihre Unabhängigkeit zu verlieren, ist die Hauptursache dafür, daß Bitte oder Annahme medizinischer oder materieller Hilfe ausbleiben. Unglücklicherweise ist diese Angst sehr oft auch völlig berechtigt, denn Angehörige der helfenden Berufe benehmen sich häufig so, als erwarteten sie, daß alte Leute dankbar einfach alles tun, was man ihnen sagt, und kommen gar nicht auf den Gedanken, sie auch einmal nach ihrer Meinung zu fragen oder sie doch wenigstens zum Fragen zu ermutigen.

Eine sehr eigenwillige alte Dame sollte zweimal wöchentlich zur physiotherapeutischen Behandlung in ihr örtliches Krankenhaus kommen. Sie wurde dazu immer von zu Hause abgeholt und war auch immer rechtzeitig bereit, aber vor und während der Behandlung bestand sie darauf, viele Fragen zu stellen: Ob man ihre Stellung nicht ändern könne, sie sei nicht so bequem. Was man denn mit der Behandlung erreichen wolle. Wie lange das denn noch so weiter gehen solle – und so weiter. Ihre Physiotherapeutin ärgerte sich über die Zeitvergeudung mit den Fragen; sie selbst hatte zu Hause eine sehr anspruchsvolle Mutter und übertrug ihre negativen Gefühle für diese Mutter auf die »schwierige« Patientin, und nach einiger Zeit wurde ihr Ärger über sie so groß, daß sie beschloß vorzuschlagen, daß man die Behandlung beende. Als das in einer Sitzung besprochen wurde, erinnerte sich ihre Vorgesetzte, die von ihren persönlichen Schwierigkeiten wußte, glücklicherweise daran, daß die gleiche alte Dame im Jahr zuvor in einer anderen Abteilung des Krankenhauses sehr erfolgreich behandelt worden war. Als sie die dortige Physiotherapeutin anrief, um sie zu fragen, ob sie die Patientin übernehmen wolle, war die freudige Antwort: »Aber natürlich, die hab' ich ja furchtbar gern, diese unabhängige alte Frau!«

Es lohnt sich daher, zu fragen, wie oft solche persönlichen Vorurteile es Helfern unmöglich machen, schwierig erscheinende Patienten richtig zu beurteilen. Das geschieht besonders häufig in Situationen, in denen die Helfer Gefühle, die aus ihrem persönlichen Leben stammen, auf Patienten übertragen. Solche Gefühle werden in der Arbeit mit alten Menschen noch verstärkt, weil viele unter den Helfern sich selber vor dem Alter fürchten. Im Gegensatz zu anderen Kulturen, in denen hohes Alter geehrt und geachtet wird, ängstigen sich in unserer Kultur, in der das Alter bemitleidet und gefürchtet wird, die meisten Leute davor, alt und hilflos zu werden. Das wurde mir vor kurzem in einer Versammlung sehr klar, bei der es um die geistigen Bedürfnisse der Alten ging. Ein etwa fünfzigjähriger Pfarrer sprach sicher vielen Anwesenden aus dem Herzen, als er sagte: »Alte Menschen sind furchtbar. Ich gehe ihnen am liebsten aus dem Wege. Ich habe ja so schreckliche Angst, daß ich auch mal so werde wie die!« Aber selbst wenn Helfer alten Menschen nicht direkt aus dem Wege gehen, ist diese Angst oft doch stark genug, ein persönliches Interesse an den alten Menschen zu verhindern. Sie bemühen sich dann nicht darum, ihre Lebensgeschichte und ihre Beziehungen so einigermaßen zu verstehen. Die Folge ist, daß alte Menschen mehr oder weniger anonym bleiben und ihre individuellen Nöte und Bedürfnisse nur selten verstanden werden. Das ist natürlich am stärksten so in Altersheimen, aber zu einem gewissen Grade ist es überall so, wo man mit alten Menschen zu tun hat. Trotzdem dürfen wir natürlich nicht vergessen, daß es viele Helfer gibt, denen keine Zeit, kein Opfer zu schwer ist in ihrer Fürsorge für alte Menschen. Leider ist auch dies oft ohne Erfolg, weil sie letzten Endes nicht verstanden haben, was der alte Mensch wirklich braucht.

Die Witwe eines sehr bekannten Schriftstellers hatte sich, solange er lebte, nur um ihn gekümmert. Sie war ziemlich schwer verkrüppelt und mehr und mehr auf einen Rollstuhl angewiesen, schaffte es aber trotzdem, ihren Haushalt sehr ordentlich zu führen, zu kochen, die Manuskripte ihres Mannes zu tippen und die Korrekturen zu lesen. Als er starb, hinterließ er ein unvollendetes Manuskript, und es gelang ihr, dieses mit Hilfe ihres Sohnes fertigzustellen. Auf diese Weise wurde der Verleger ihres Mannes zum ersten Mal auf ihre Begabung aufmerksam und beschäftigte sie seitdem fast ganztägig zum Korrekturlesen und Redigieren. Trotz des Verlustes ihres Mannes hat sich dadurch in vieler Weise ihr Leben erweitert: So verdient sie jetzt ihren eigenen Lebensunterhalt und kann sich ihr Leben so einrichten, wie sie es gerne möchte. Sie unternimmt sogar Reisen, für die ihr Mann nie etwas übrig hatte. Aber ihr Name steht auf einer Liste alleinlebender, körperlich behinderter Witwen, und sie wird ständig von wohlwollenden Sozialarbeitern besucht, die ihr die unmöglichsten Vorschläge machen, zum Beispiel sie an verschiedenen Abenden abzuholen und sie in einen Bingo-Club zu bringen oder sie zu einer Altenfahrt ans Meer mitzunehmen: alles Sachen, die für diese begabte, interessante und selbständige alte Frau einfach lächerlich sind. Eines ihrer Probleme ist, daß sie ein wenig an Harnfluß leidet, was sie zwar bei ihrer Arbeit nicht stört, aber dennoch unangenehm ist. Die Gesundheitsbehörden versorgen sie mit den notwendigen Einlagen, stellen diese aber bei der Lieferung mit einer deutlich lesbaren Aufschrift über den Inhalt einfach vor ihrer Haustür ab. Sie hat schon häufiger darum gebeten, die Pakete doch in Papier einzuwickeln. Das wird einfach nicht beachtet und zeugt von einem erschreckenden Mangel an Feingefühl für das Bedürfnis dieser Frau, ihre Würde zu bewahren.

Eine ähnliche Mißachtung wird häufig gegenüber dem Wunsch alter Menschen nach Unabhängigkeit an den Tag gelegt. Das geschieht ja meistens nicht aus böser Absicht, sondern beruht darauf, daß Mitglieder der helfenden Berufe genauso wie die eigenen Familienangehörigen sich dafür verantwortlich fühlen, alte Menschen zu beschützen; sie meinen verhindern zu müssen, daß ein alter Mensch fällt oder verlorengeht oder sich in irgendeiner Weise beschädigt. Und diesen Schutz glauben sie am besten bieten zu können, wenn sie eben alles für den alten Menschen tun und entscheiden.

Herr Thomas war fünfundachtzig Jahre alt, als seine Frau starb. Von einigen unvermeidlichen geringen Altersbeschwerden abgesehen erfreute er sich bester Gesundheit. Seine Frau war viele Jahre invalide gewesen, und vor ihrem Tod war sie für einige Zeit unfähig, alleine zu gehen oder auch nur ohne fremde Hilfe zu stehen. Ihr Mann half ihr vom Bett in den Rollstuhl oder auf ein Sofa. Aber geistig blieb sie durchaus lebendig, und die beiden führten ein fast normales Leben, hörten Musik, sahen fern, lasen und unterhielten sich und waren in ihrer gegenseitigen Gesellschaft offensichtlich sehr glücklich. Die Ehe war immer sehr ausgeglichen gewesen. Herr Thomas war Ingenieur von Beruf und hatte mit einem Partner noch bis über sein achtzigstes Lebensjahr hinaus zeitweise gearbeitet. Selbst dann war sein Rückzug vom Beruf mehr dadurch bedingt, daß der Gesundheitszustand seiner Frau sich verschlechterte und seine Anwesenheit zu Hause notwendig machte, als daß er selbst nicht mehr hätte weiterarbeiten wollen oder können. Das Ehepaar hatte eine Tageshilfe und zwei verheiratete Töchter, die beide eine halbe Fahrstunde von ihnen entfernt wohnten, sie regelmäßig besuchten und ihnen auf vielerlei Weise halfen. Ihre Nachbarn hatten Schlüssel zum Haus erhalten und versprochen, bei Tag oder Nacht sofort herüberzukommen, wenn Herr oder Frau Thomas sie telefonisch um Hilfe bitten würden.

Bis nur wenige Wochen vor dem Tod von Frau Thomas war ihr Mann also nachts und auch während vieler Stunden an den meisten Tagen mit ihr alleine gewesen. Er hatte es geschafft, sie im Haus hin und her zu transportieren, ihr auf die und von der Toilette zu helfen, sie ins Bett zu packen, aber auch mit all den notwendigen Hausarbeiten fertig zu werden. Als sie schließlich ziemlich unerwartet starb, nahm Herr Thomas ihren Tod mit erstaunlicher Ruhe und Kraft an. Er wußte, daß sie ihr Leben zu Ende gelebt hatte und bereit war, zu sterben. Und obwohl er ihren Verlust tief betrauerte und kein Geheimnis daraus machte, daß sein eigenes Leben nun eigentlich nicht mehr viel

Zweck hatte und es ihm gleich sei, wie bald er ihr nachfolgte, war er durchaus gefaßt und ohne jedes Selbstmitleid. Aber seine Familie war ganz sicher, daß, obwohl der alte Mann eine so bewundernswerte Haltung an den Tag legte, er bestimmt in ein oder zwei Wochen völlig zusammenbrechen würde. Freunde und Nachbarn, die weniger ängstlich waren und nicht so gefühlsmäßig verstrickt, sahen keinerlei Anzeichen dafür. Doch die Familie drängte ihn, zu einer der Töchter zu ziehen, und schließlich gab Herr Thomas diesem Drängen nach. Obwohl er bei seiner Tochter sehr geliebt und verwöhnt wurde, hatte er aber nach einem Monat genug und bestand darauf, nach Hause zu gehen. Alle Bemühungen, ihm das auszureden, waren umsonst. Die Familie meinte, daß er keinesfalls allein bleiben könne, er solle entweder bei einer seiner Töchter leben oder in eine Pension oder ein Altersheim gehen. Aber er lehnte das alles ab und ging nach Hause zurück. So gern er seine Familie hatte, zog er Distanz vor und schätzte seine Unabhängigkeit.

Es war sehr schwer, die Töchter davon zu überzeugen, daß dies für ihn das Beste sei. Sie blieben zuerst abwechselnd über Nacht bei ihm und bestanden darauf, daß er all seine Wochenenden mit der einen oder anderen von ihnen verbringen solle. Ihr Verhalten zwang ihn dazu, sich selbst durch die Verteidigung seiner Unabhängigkeit zu einer größeren Plage zu machen, als er es gewesen wäre, wenn er sich ihrem Druck unterworfen hätte und zu einem abhängigen alten Mann geworden wäre. Aber taktvoll und ohne jemanden zu verletzen, hat er schließlich das gewonnen, was er wirklich braucht, und lebt nun schon seit über einem Jahr allein. Er gibt zu, daß er deshalb ohne jede Sorge allein leben kann, weil er weiß, daß er die Möglichkeit hat, Hilfe zu bekommen, wenn er sie braucht.

Obwohl er das Zusammensein mit seiner Frau schwer vermißt, scheint er doch mit seiner jetzigen Lebensweise zufrieden zu sein und läßt kein Anzeichen eines geistigen oder körperlichen Verfalls erkennen. Er hat viele Freunde und Bekannte, die gern mit ihm zusammen sind und ihn besuchen oder ihn für ein Gläschen und eine Mahlzeit zu sich einladen;

und mit seinen Nachbarn besucht er die »Eckkneipe«. Besondere Hobbys hat er nicht, und abgesehen von seinen technischen Fachzeitschriften liest er wenig. Oberflächlich gesehen scheint er ein ziemlich einfaches und konventionelles Mitglied seiner Klasse und seiner Generation zu sein, einer, der immer das »Richtige« tut und sich immer auf »richtige« Weise benimmt. Aber innerhalb dieses Rahmens – vielleicht durch ihn geschützt – ist er tatsächlich ein sehr besonderer Mensch. Mit sechsundachtzig Jahren ist er immer noch an allem äußerst interessiert und hat seine unabhängigen Ideen; er ist sehr sensitiv und voller Weisheit in seiner Beurteilung von Menschen und Situationen, und das so sehr, daß seine Enkelkinder gern zu ihm gehen und sich mit ihm unterhalten. Ihn zu besuchen ist für niemanden eine Belastung, sondern bringt Anregung und macht Freude. Man darf wohl annehmen, daß, wenn er seiner Unabhängigkeit beraubt worden wäre, er sich inzwischen zu einem langweiligen, unzufriedenen alten Mann entwickelt hätte, dessen geistige und körperliche Kräfte sehr nachgelassen hätten.

Menschen, denen es immer schwerfiel, Zärtlichkeit auszudrücken oder zu empfinden, schützen sich im Alter gelegentlich vor solchen Gefühlen, indem sie sich von engen Kontakten fernhalten und als Vorwand für diesen Rückzug ihr Bedürfnis anführen, sich ihre Unabhängigkeit bewahren zu wollen. Ein Vater, dessen Frau gestorben war und ihn mit vier kleinen Kindern zurückgelassen hatte, zeigte den Kindern niemals irgendwelche Zuneigung und hielt sie auf Distanz. Im hohen Alter lebte er in äußerst dürftigen Verhältnissen, wies aber jede Hilfe von seiten seiner Kinder zurück und behauptete, das mache ihn nur von ihnen abhängig.

Es gibt aber auch Situationen, in denen der Wunsch nach Unabhängigkeit im Alter aus Angst entsteht, von den Jüngeren ausgenutzt zu werden, besonders von den erwachsenen Kindern. Eine alte Frau, die ganz alleine in einer feuchten Kellerwohnung lebte, weigerte sich, zu ihrer Tochter zu ziehen, als diese ihr eine sehr komfortable Wohnung in ihrem Haus anbot. Sie sagte: »Mein ganzes Leben lang hat sie sich von mir versorgen lassen. Jetzt will sie mich nur im Haus haben, damit ich ihr ihre Kinder abnehme, und wird mir nicht meine Unabhängigkeit lassen.«

In engen Familienbeziehungen ist es oft schwer zu unterscheiden, wer eigentlich von wem abhängig ist. Das ist besonders bei unverheirateten Töchtern so, die weiter im Hause ihrer Eltern leben. Ich denke da an eine Frau, Fräulein Roberts, eine Angestellte im öffentlichen Dienst, die älteste Tochter in einer großen Familie. Sie hatte immer ihren Vater sehr bewundert, hatte aber zu ihrer beherrschenden Mutter eine sehr ambivalente Beziehung. Nach dem Tode des Vaters wäre sie gerne ausgezogen, blieb aber auf Wunsch der Mutter zu Hause wohnen, und ihre gegenseitige Beziehung war ziemlich schwierig. Mit fünfundachtzig Jahren wurde die Mutter ernstlich krank und kam ins Krankenhaus. Während dieser Zeit besuchte sie die Tochter jeden Tag, bevor sie ins Büro ging, kam unmittelbar nach Dienstschluß wieder zu ihr und blieb so lange bei ihr, bis alle Besucher fortgeschickt wurden. Mehrfach hatte ihre Mutter Lungenentzündung, und die Ärzte waren im Zweifel, ob sie sie mit Antibiotika am Leben erhalten sollten. Aber jedes Mal flehte die Tochter sie an, es doch zu tun: Ihr großes Bedürfnis, sich von der Schuld zu befreien, daß sie so zwiespältige Gefühle über ihre Mutter hatte, machte es nötig, die Mutter weiter am Leben zu erhalten. Man kann bei Trauerfällen oft beobachten, daß der Hinterbliebene so sehr unter den ungelösten negativen Gefühlen gegenüber dem Verstorbenen leidet, daß es zu eigenen schweren Störungen kommt. Der Hinterbliebene kann deprimiert werden, unfähig zu arbeiten, aber auch unfähig, einen normalen Trauerprozeß zu beenden. Er findet nur Erleichterung für seine Schuldgefühle, den Verstorbenen nicht genug geliebt zu haben, indem er den Rest seines Lebens weitertrauert und versucht, dadurch seine Schuld wiedergutzumachen.

Aber selbst in gut funktionierenden Familien, in denen viel Liebe und guter Wille zwischen den Generationen besteht, ist es für die jüngere Generation oft sehr schwer, den Wunsch eines alten Menschen nach Unabhängigkeit richtig zu verstehen, wie wir bei den Töchtern von Herrn Thomas vorhin gesehen haben. Besonders wenn die Eltern in ärmeren Verhältnissen leben als ihre erwachsenen Kinder, können diese schwer ertragen, daß die Eltern darauf bestehen, in jenen beschränkten Verhältnissen weiter zu leben, denen sie selber entronnen sind. Das wurde bei einem Arbeiterehepaar aus der Grafschaft York sehr deutlich. Die alten Leute fühlten sich in ihrem kleinen Dorf sehr wohl. Alle ihre Kinder waren erwachsen und weggezogen und hatten sehr gute Karrieren gemacht. Einer der Söhne war Universitätsprofessor in Oxford. Er liebte seine Eltern und sie ihn und seine Familie. Sein größter Wunsch war, ihnen »ein wirklich schönes Alter« zu bereiten, und er kaufte ihnen ein kleines Haus ganz in der Nähe seines eigenen. Als die Eltern dann kamen, um dort zu leben, bereiteten er und seine Familie ihnen ein herzliches Willkommen. Aber nach der Anfangsfreude fühlten sich die Eltern sehr bald in dieser Universitätsumgebung so fremd und vermißten ihre Arbeiternachbarn und die ihnen vertraute Yorkshire-Umgebung so sehr, daß es nach achtzehn Monaten klar war, daß es besser für sie wäre, wenn sie in ihre bescheidene, aber vertraute Umgebung zurückkehrten. Glücklicherweise stand ihr altes Häuschen noch zur Verfügung. Trotz aller Enttäuschung auf beiden Seiten war der gegenseitige Respekt und das Verständnis füreinander in dieser Familie so groß, daß ihre Beziehung durch diese Erfahrung noch fester wurde.

Die Geschichte von Frau West offenbart schwierigere und widersprüchlichere Motive. Sie wurde 1903 geboren und war die Älteste von zehn Kindern. Ihr Vater war Alkoholiker und oft sehr gewalttätig. In ihrer Kindheit durchlitt sie äußerste Armut. Sie ging zur Schule, bis sie dreizehn war, mußte aber oft zu Hause bleiben, um das jeweils kleinste Kind versorgen zu helfen oder auch weil sie keine Schuhe zum Anziehen hatte. Von ihrem achten Lebensjahr ab verdiente sie ein paar Groschen mit Treppenreinigen und ging in Stellung, sowie sie aus der Schule kam. Sie heiratete mit achtzehn Jahren und bekam einen Sohn. Die Ehe war unglücklich. Ihr Mann verließ sie nach einem heftigen Streit, so daß sie den Lebensunterhalt für sich und ihr Kind als Putzfrau verdienen mußte. 1939 wurde ihr Sohn eingezogen, und sie wurde in eine Fabrik dienstverpflichtet. Nach dem Krieg verdiente sie sich ihr Geld dann wieder durch tägliche Arbeit in fremden Haushalten. Das bedeutete zwar ein geringeres Einkommen, doch hatte sie immer gefunden, daß der tägliche Kontakt mit den Leuten, für die sie arbeitete, ein sie sehr befriedigender Teil ihrer Arbeit war.

Jetzt, mit über siebzig Jahren, lebt Frau West immer noch allein in der armseligen Wohnung, die sie seit über vierzig Jahren hat. Sie bekommt ihre Rente, weigert sich aber, darüber hinaus noch weitere Unterstützungen in Anspruch zu nehmen. Sie hat zwei Putzstellen, die eine bei einem Witwer und die andere bei einer alleinstehenden Frau. Bei beiden Stellen handelt es sich um leichte, einfache Arbeit, und ihre beiden Arbeitgeber schätzen sie sehr. Sie sind dankbar für die Arbeit, die sie tut, und sind ihr freundschaftlich verbunden. Ihre Gesundheit ist schwächlich, und ihr Sohn sorgt sich um sie. Andere Leute haben ihn wahrscheinlich kritisiert, daß er es zuläßt, daß seine Mutter weiter arbeiten geht, und so hat er sie gedrängt, zu ihm und seiner Frau zu ziehen, da ihre Kinder inzwischen verheiratet sind und Platz genug für die Mutter da wäre. Aber sie zieht ihre Unabhängigkeit vor und sagt, sie könne sich nicht vorstellen, was sie ohne ihre Arbeit anfangen solle und ohne die Kontakte, die sie ihr bringen. Weshalb Frau West das Angebot ihres Sohnes ablehnte und damit ein viel bequemeres Leben, läßt sich vielleicht am besten verstehen, wenn wir uns daran erinnern, wie unglücklich sie sowohl in ihrer Kindheit wie in ihrer Ehe war. Ihre Stellen als Putzhilfe erfüllen ihr Bedürfnis nach freundschaftlichen Beziehungen, in denen sie sich geschätzt fühlt, ohne daß sie sich gefühlsmäßig binden muß. Denn das hatte ihr ja früher soviel Schmerz verursacht.

Familienangehörige oder Mitglieder helfender Berufe können unterschiedliche Motive dafür haben, weshalb sie einen alten Menschen in Abhängigkeit hineinmanövrieren. Besteht aber ein alter Mensch auf seiner Unabhängigkeit, können auch bei ihm verschiedene, bewußte und unbewußte Gefühle mitschwingen. Wenn er anderen, hauptsächlich Familienmitgliedern, die Möglichkeit verweigert, ihm zu helfen, kann das durchaus ein Ausdruck von Feindseligkeit sein, und das kann bei den anderen Schuld- und Angstgefühle auslösen.

Die Ursachen für Abhängigkeits- oder Unabhängigkeitsbedürfnisse alter Menschen sind sicher immer in Erfahrungen früherer Lebensphasen verwurzelt. Denn solche Bedürfnisse nach Abhängigkeit oder Unabhängigkeit sind ja nicht nur im Alter bedeutsam. Sie spielen eine wichtige Rolle in der Entwicklung jedes Kindes, sind entscheidend in den Konflikten der Adoleszenz wie auch in den Beziehungsmustern, die Erwachsene entwickeln.

Die Geschichte der Geschwister Bert und Connie ist ein faszinierendes Beispiel dafür, wie gegenseitige Abhängigkeiten, die aus der Kindheit stammen und für die es keinen Raum des Wachstums oder der Veränderung gab, nie überwunden werden können und noch im Alter einen großen Einfluß haben. Beide Geschwister sind jetzt Ende Siebzig. Bert ist ungefähr sieben Jahre älter als seine Schwester. Beide haben nie geheiratet und sind aufs engste verbunden, ohne viele Gefühle zu zeigen. Ihr Vater, ein Anwalt, war viele Jahre älter als seine Frau. Er starb, als Connie sechs Jahre alt war. Die Mutter, die aus viel bescheideneren Verhältnissen stammte, wurde von der Mittelklassefamilie ihres Mannes nie ganz angenommen. Ihrem Einfluß waren die Kinder nun ausgesetzt, einer tüchtigen, sehr erfolgreichen Berufsgärtnerin, die sie als schön und exzentrisch beschreiben und die heute noch ihr Leben beherrscht. Es fällt nicht leicht, sich ein vollständiges Bild von ihrer Jugend zu machen, von den Internaten und von den Festessen und Gesellschaften, die die Mutter gab. Bei Connies häufigen Erzählungen von ihrer schönen Vergangenheit spürt man den großen Anteil der Phantasie, auch wenn Bert kopfnickend seine Zustimmung zu allem gibt, was sie berichtet. Obwohl sie sich darüber beklagen, daß diese Mutter ihr Leben so beherrscht hat, bewundern sie doch die Art, wie es ihr gelungen ist, es für sie aufregend und interessant zu machen. Connie sagt, daß ihr Bruder immer passiv gewesen sei, nie eine Initiative ergriffen und es immer ihr überlassen habe, mit allen Schwierigkeiten des Lebens fertig zu werden. Als die Mutter Ende Siebzig war, hatte sie einen Schlaganfall und ließ eine Zeitlang das Geschäft durch Connie weiterführen. Bezeichnenderweise spricht Bert von seiner Mutter ständig nur als von dem »Boß«, ein Beiname, den er auch für seine Schwester verwendet.

Als die Mutter sich entschloß, ihr Geschäft an einen Landschaftsgärtner zu verkaufen, war Bert schon über sechzig und litt an Arthritis. Connie und er zogen um und hofften, eine kleinere Gärtnerei eröffnen zu können; aber das ließ sich nie ganz verwirklichen. Bert war zu alt und zu verkrüppelt, um etwas anderes tun zu können, als nach dem Garten zu sehen. Connie wurde der Haushaltsvorstand und begann eine Verkaufstätigkeit von Tür zu Tür, was ihrem Bedürfnis nach Geselligkeit sehr entgegenkam. Die beiden hatten mit ihrer Mutter in einer derart engen Familienbeziehung gelebt, daß sie jeglichen Kontakt zur weiteren Familie, mit der es früher wohl auch Konflikte gegeben hatte, verloren hatten, und enge Freundschaften haben sie keine.

In ihrem fünfundsiebzigsten Lebensjahr erlitt Connie einen leichten Schlaganfall, »so wie der Boß«. Sie gab daraufhin ihren »Job« auf, und obwohl sie durch den Schlaganfall körperlich kaum beeinträchtigt ist, lebt sie voller Angst und ist tief deprimiert: Was soll aus Bert werden, wenn ihr »irgendwas« zustößt? Und was wird mit ihr, wenn ihm »etwas« passiert? Der eher phlegmatische Bert scheint mit ihrer mißlichen Lage weit besser fertig zu werden als seine Schwester; aber ihr Leiden schmerzt und verwundert ihn zugleich, ebenso wie die boshaften Angriffe, die sie jetzt manchmal auf ihn losläßt.

Der Sozialdienst gibt ihnen materielle Unterstützung, versieht sie mit Haushaltshilfen und nimmt ihnen manches Beschwerliche ab. Die geschäftigen Nachbarn sind freundlich, aber führen ihr eigenes Leben. Connies und Berts materielle Verhältnisse sind gut: Sie haben eine behaglich eingerichtete Wohnung mit Stereoanlage und Farbfernseher. (Dies sind freilich Neuanschaffungen, zu deren Kauf man ihnen zugeredet hatte. Sie sollten sie aufheitern, doch machen die beiden selten davon Gebrauch.) Trotz ihrer ständigen Klagen über ihre schlechte Gesundheit meinen die Ärzte, daß Connie durchaus noch Auto fahren kann. Alle vierzehn Tage einmal – und zwar immer am gleichen Wochentag und zur gleichen Zeit – steigt sie in den Wagen, um die Rente der beiden auf dem Postamt des nächsten Dorfes abzuholen. Sonst ist jeder Tag genau wie der andere. Das Leben scheint nur möglich, weil eine schon lang eingefahrene Regelmäßigkeit eingehalten wird. Tag für Tag wird an jedem Morgen zur gleichen Zeit das gleiche Frühstück gemacht. Dann zieht Bert sich an, beendet seine Morgentoilette und kommt zurück, um sich für den Rest des Tages auf denselben Stuhl zu setzen. Das Angebot von »Essen auf Rädern« lehnen sie ab, denn »das ist nicht das, was wir mittags essen«. Ihr Mittagessen besteht aus einem Käsebrot, tagtäglich dasselbe, außer sonntags, wenn Connie die einzige warme Mahlzeit der Woche kocht. Es kommt vor, daß Bert den ganzen Tag gelangweilt und untätig herumsitzt, aber erst nach dem Abendessen (wenn des Tages Arbeit getan ist!) liest er eine Weile. Seine Routine ist die strengere von beiden, und da er schon immer ein Eigenbrötler war, scheint er die Einschränkungen und die Abgeschlossenheit ihrer Lebensführung leicht hinnehmen zu können. Er kann nicht mehr ohne Unterstützung laufen, führt eine volle Tasse nicht mehr sicher zum Mund, schläft tagsüber oft ein, bekommt dann aber von der wachsamen Connie, die ihm immer am Tisch gegenübersitzt, einen kleinen Fußtritt. Zusätzlich zu den verordneten Behandlungsmitteln nimmt er allabendlich ein mildes Abführmittel ein, ein Allheilmittel gegen Erkältungen und einen Löffel Hustensaft, damit er keinen Husten bekommt.

Die früher so tatkräftige Connie kann sich mit dem eingeschränkten Leben, das sie jetzt führen, nicht abfinden, sieht aber auch nicht ein, daß diese Einschränkungen zum Teil auf ihre eigenen Befürchtungen zurückgehen und auf ihren Rückzug aus ihren früheren Gemeindeaktivitäten. Sie ist verbittert darüber, daß die Leute aufgehört haben, sie zu besuchen; aber der gelegentliche Besucher, der nur zehn Minuten Zeit hat, findet sich von Connie, die wie ein Wasserfall redet, geschickt in einen Zwei-Stunden-Besuch manipuliert. Sollte dieser Besucher in der darauffolgenden Woche am gleichen Tag nochmals hereinschauen, aber in der dritten Woche nicht wieder auftauchen, dann greift Connie mit Sicherheit zum Telefon: »Sind Sie krank? Sie kommen doch jeden Dienstag zu uns!«

In diesem Haushalt scheint es nur negative Gefühle zu geben: Angst vor dem öden Leben, das vor ihnen liegt, Angst, es aufzugeben. Sie klammern sich zur Absicherung an ihre festgefahrenen Routinetätigkeiten und holen sich aus den Erinnerungen ihrer Vergangenheit die Bestätigung für den Wert ihres Lebens. Aber es scheint klar, daß sie diese ihre Vergangenheit dazu idealisieren müssen. Der stärkste Eindruck für Außenstehende ihnen gegenüber ist die enorme gegenseitige Abhängigkeit, deren Wurzeln in ihrer frühen Lebensgeschichte liegen.

Die Wahl eines Ehepartners geschieht oft aus dem – vielleicht in der Kindheit entstandenen – Bedürfnis des einen, abhängig zu sein, und des anderen, jemanden in Abhängigkeit zu haben, fürsorglich zu sein und sich dadurch stark zu fühlen. Ob nun der Mann oder die Frau der stärkere Teil ist, ist individuell verschieden, wird wahrscheinlich auch vom jeweiligen kulturellen Muster der Zeit beeinflußt. In früheren Generationen, ja noch bis vor kurzer Zeit hielt man den Ehemann gewöhnlich für den Stärkeren und sah die Frau als schwach und hilflos an. Man erwartete von den Frauen, daß sie jede Verantwortung an ihren Ehemann und später an ihre heranwachsenden Söhne delegierten, deren Aufgabe es war, den Frauen möglichst alle Sorgen und Probleme zu ersparen. Diese Frauen wurden durch ihr geschütztes Leben und dadurch, daß sie alles Gefährliche vermieden, oft sehr alt. Wir können heute noch gelegentlich einige von ihnen treffen. Meistens sind sie unzufrieden und anspruchsvoll, die letzten Repräsentantinnen einer Generation von Frauen, die nicht mehr in unsere heutige Gesellschaft passen, in der sich die Ehepartner mehr und mehr die Verantwortung teilen.

In den letzten Jahrzehnten, in denen sich die Beziehung zwischen den Geschlechtern in der westlichen Welt wesentlich verändert hat, ist die Wahrscheinlichkeit größer, daß man Paare trifft, bei denen die Frau die Stärkere und der Mann, besonders im Alter, oft schwach und fast kindisch abhängig von ihr ist. So ein Mann kann seine Frau nicht aus den Augen lassen. Er braucht ihre ständige Aufmerksamkeit und gewinnt diese durch seine Zärtlichkeit, seinen Stolz auf ihre Leistungen und oft auch durch sein ritterliches Verhalten. Die Frau in dieser Position wird sich zwar beklagen, daß sie so angebunden ist und keinerlei Freiheit hat, aber es ist wahrscheinlich, daß sie ihren Teil dazu beigetragen hat, um diese Situation herbeizuführen. Sie mag eine sehr hingegebene Mutter gewesen sein, solange ihre Kinder sie brauchten, und da sie es braucht, gebraucht zu werden, bemuttert sie jetzt ihren Mann. Früher in ihrem Leben war seine Abhängigkeit von ihr für sie vielleicht sehr angenehm. Sie gab ihr Genugtuung. Aber – wie es meistens ist – mit zunehmendem Alter, in dem sie selber etwas Unterstützung braucht, wird diese Beziehung zu anstrengend – besonders dann, wenn der Mann körperlich behindert oder schwer krank wird und sein Wille zu überleben eigentlich davon abhängt, daß seine Frau genügend für ihn sorgt.

Ein alter kranker Ehemann kann seiner Frau durch seine unverhohlene Sehnsucht nach seiner Mutter Kopfzerbrechen machen. Ich kenne einen alten und kranken Mann, der sein Verlangen nach der Mutter so deutlich zeigt, daß er, wenn er sich nicht wohl fühlt, vor sich hin summt: »Ich will zu meiner Mutti gehen.« Ob ein solches Bedürfnis häufiger in Ehen zu bemerken ist, in denen die Frau sehr mütterlich oder sehr beherrschend ist, müßte man genauer erforschen. Es wäre auch interessant, besser zu wissen, ob auch alte Frauen, wenn sie krank und schwach werden, ähnliches Verlangen nach ihrer Mutter haben, oder ob sie dieses Verlangen vielleicht auf eine wichtige männliche Figur übertragen – etwa auf ihren Vater oder ihren Ehemann oder auf einen Geliebten aus früheren Zeiten ihres Lebens, oder möglicherweise auf ihren Sohn.

In all den Lebensgeschichten, von denen ich in diesem Kapitel berichtet habe, sind die so oft komplizierten und sich widersprechenden Bedürfnisse nach Abhängigkeit und Unabhängigkeit im eigenen Zuhause ausgelebt worden. Die Situation wird viel schwieriger, wenn alte Leute nicht mehr in ihrem eigenen Heim sein können und in ein Altersheim gehen müssen, wo ja selbst bei bestem Willen Unabhängigkeit und Individualität bis zu einem gewissen Grad dem reibungslosen Funktionieren der Einrichtung untergeordnet werden müssen. Wir haben es oft erfahren, daß alte Menschen, sowie sie in Altersheime kommen, sich ziemlich verändern, entweder fast zu leben aufhören, apathisch werden und sich völlig zurückziehen oder – öfter noch – böse und aggressiv werden. So eine

Veränderung mag nicht nur durch den Verlust der eigenen Wohnung und die notwendige Anpassung an fremde Lebensbedingungen hervorgerufen werden, sondern vielleicht auch dadurch, daß sie, weil es ihnen nicht gelungen ist, ihre Identität und Unabhängigkeit zu bewahren, frustriert sind. Wir dürfen hoffen, daß solche schmerzlichen Entwicklungen vermieden werden können, wenn man die individuellen Bedürfnisse des alten Menschen besser verstehen lernt.

BEZIEHUNGEN ZU ALTERSGENOSSEN

Es ist wichtig, daß in einer Gesellschaft, in der mehr und mehr Menschen länger und länger leben, der Versuch gemacht wird zu verstehen, wie alte Menschen miteinander leben. In früheren Generationen, und in manchen Gegenden auch heute noch, betrachtete man alte Menschen als Mitglieder ihrer Familie und nicht ihrer Gemeinde. Das ist nicht mehr häufig so, und es ist daher wichtig, die Bedürfnisse alter Menschen als Individuen wie auch als Mitglieder ihrer Altersgruppe besser zu verstehen. Es stellt sich die Frage: Welche Beziehung haben alte Menschen zueinander? In den letzten Jahrzehnten wurden die besonderen Bedürfnisse von Jugendlichen ernsthaft beachtet, und es konnten sich völlig neue Beziehungsmuster unter Jugendlichen entwickeln. Man muß sich fragen, ob eine ähnliche Entwicklung auch für alte Menschen möglich wäre. Suchen sie, wie die Jugendlichen, die Gesellschaft Gleichaltriger? Haben sie den Wunsch, Gruppen zu bilden, um größeren Einfluß auf Lebensbedingungen zu gewinnen, die ihrer besonderen Situation in keiner Weise angepaßt sind?

In den Vereinigten Staaten scheint das in gewissem Maße zu geschehen, zum Beispiel durch Maggie Kuhns »Graue Panther«, die in vieler Weise bis auf die örtliche Ebene hinunter darum kämpfen, Dinge zu verändern, die alten Menschen das Leben erschweren, wie zum Beispiel die zu hohen Stufen beim Besteigen eines Autobusses oder die zu kurzen Phasen bei den Verkehrsampeln. Sie organisieren besondere Einkaufszeiten in den Supermärkten mit billigeren Preisen und kleineren Portionen für alte Leute. Auch in mehreren europäischen Städten haben sich »Graue Panther«-Gruppen gebildet, jedoch mit begrenztem Erfolg.

So eine Bewegung kann nicht nur zu praktischen Erleichterungen führen, sie kann alten Menschen auch helfen zu fühlen, daß sie berechtigt sind, an ihre Gemeinden Ansprüche zu stellen, für die sie ja schließlich gearbeitet haben, solange sie konnten. Wenn man sie als Bürger mit einem ihnen eigenen Lebensstil empfindet – so wie man es inzwischen bei Heranwachsenden tut –, wird ihr Selbstbewußtsein steigen, und sie werden sich nicht mehr so sehr als verachtete Bürde fühlen.

In Kalifornien und auch in manchen europäischen Gegenden mit günstigem Klima sind in den vergangenen Jahren Versuche gemacht worden, einen neuen Lebensstil für alte Menschen in besonderen Siedlungen anzubieten. Diese werden oft als die ideale Lösung des Altersproblems dargestellt, haben aber zweifellos ihre eigenen Probleme. Sie schaffen nicht nur eine freiwillige Absonderung von anderen Altersgruppen und deren Interessen – und so eine Absonderung kann ja nie wünschenswert sein –, sondern sie setzen auch weitgehend auf die Verleugnung aller Alterserscheinungen und verlangen ein Maß an Anpassung, das völlig vergißt, daß es ebenso viele Wege des Alterns gibt, wie es alte Leute gibt. Die Einwohner bemühen sich also krampfhaft, jung zu erscheinen. Ihr Leben in solchen Gemeinschaften wird dann unmöglich, wenn sie krank werden oder einen ihrem Alter entsprechenden Lebensstil brauchen. Die Forderung nach Jugendlichkeit und die Verleugnung des nahenden Todes kann auch zu Angstzuständen führen, für die die übertriebenen Sicherheitsmaßnahmen in solchen Siedlungen deutliches Anzeichen sind. Jede Art von Verbrechensvorbeugung ist da zu finden, bis hin zu Schutzmauern und Wassergräben. Es scheint fast, als ob die Einwohner fühlen, daß sie etwas zu besitzen versuchen, was ihnen eigentlich nicht gehört. Aber in jedem Fall sind solche »Sonnen-Siedlungen« nur Wohlhabenden zugänglich und daher keine Lösung für das allgemein größte Altersproblem, das meist durch zuwenig Geld und zuviel Einsamkeit entsteht, besonders in den Großstädten, wo es mehr Anonymität als Nachbarschaftlichkeit gibt. Private Unternehmen und staatliche Stellen planen zunehmend Anlagen kleiner Häuser etwas außerhalb der Stadtzentren. Die sind sehr beliebt bei Pensionären mit bescheidenen Mitteln. Sie bieten nachbarschaftliche Beziehungen, die trotzdem individuelle Lebensstile erlauben. Die diesen Siedlungen häufig angegliederten kleinen Parks ermöglichen es den alten Menschen auch, sich an den Spielen von Kindern zu erfreuen.

Solche Siedlungen können gegen das Problem der Einsamkeit helfen, das zunehmend die Ursache von Altersalkoholismus wird, besonders nach dem Verlust eines Ehepartners. Dies war zweifellos bei Willi so, dessen zwanghaft zunehmendes

Trinken sicher vor allem durch seine Einsamkeit bedingt war. Er und seine Frau hatten gemeinsam einen kleinen Laden in einem Dorf geführt, und als sie Anfang Siebzig waren, verkauften sie ihn und zogen in eine ihnen ziemlich fremde Gegend in ein sehr kleines Haus. Sie hatten einen Sohn, der in dem Dorf blieb. Das Häuschen hatte keinen elektrischen Strom, und das Klo war außerhalb des Hauses. Das war in solchen ländlichen Gegenden vor fünfundzwanzig Jahren nichts Ungewöhnliches, und Willis Frau war eine tüchtige Hausfrau, die trotz der Unbequemlichkeiten ihnen ein angenehmes Leben bereitete. Aber als sie fünf Jahre nach dem Umzug starb, wurde es für Willi immer schwieriger, den Haushalt allein zu führen, und in den folgenden nun achtzehn Jahren scheiterte er an seinen alltäglichen Problemen. Immer mehr Verwandte und Bekannte aus seiner Generation starben. Die Fahrmöglichkeiten mit dem Landomnibus wurden auch immer seltener, so daß der Sohn ihn kaum noch besuchen konnte. Das einzige, was ihm seine Einsamkeit noch erleichterte, waren die abendlichen Besuche in der Dorfkneipe. Willi konnte immer noch nette Anekdoten erzählen, war ein guter Gesellschafter und fand in der Kneipe eigentlich immer jemanden, der ihn zu noch einem Bier und noch einem Whisky einlud. Sein Zuhause vernachlässigte er mehr und mehr. Ein Feuer anzustecken, um sich etwas zu kochen, war ihm viel zu beschwerlich, er wärmte sich das Essen auf einem kleinen Ölofen. Viel gekocht hatte er sich sowieso nie. Die Petroleumlampen, die ihm zu umständlich waren, ersetzte er durch Kerzen. Das Haus wurde immer schmutziger und unordentlicher, obwohl Willi seine persönliche Erscheinung für die Besuche in der Kneipe immer noch gut in Ordnung hielt, ebenso wie früher, als er noch den Laden hatte. Als er schließlich anfing, auch tagsüber zu Hause zu trinken, veränderte sich aber auch sein persönliches Aussehen. Die Nachbarn begannen sich über den verwahrlosten alten Mann zu beunruhigen. Sie fürchteten auch, er könne eines Tages einen Brand verursachen mit seinen Kerzen im Haus. Hilfe anzunehmen verweigerte er. Eine Sozialarbeiterin, die regelmäßig zu ihm kam, wurde zwar immer sehr freundlich von ihm empfangen, auch wenn er mehr oder weniger betrunken war, aber er machte ihr klar, daß er keinerlei Hilfe annehmen werde. Meistens sagte er: »Ich hätte eben gehen müssen, als sie ging . . . Es ist Zeit, daß ich Leine ziehe.«

Willi war nun fünfundneunzig Jahre alt, und das Leben war für ihn zweifellos nur noch eine Last. Der Alkohol brachte ihm etwas Vergessen, zehrte aber auch den größten Teil seines Einkommens auf. Willi aß fast nichts und gönnte sich nur noch selten ein Feuer, selbst nicht bei kältestem Wetter. Eine Nachbarin, die an einem Winterabend in seinem Haus überhaupt kein Licht sah, ging hinein und fand ihn im Dunkeln ohne jede Heizung und fast bewußtlos. Er wehrte sich aber gegen ihre Einmischung, wurde ärgerlich, als sie seinen Ölofen anzuzünden versuchte, und lehnte auch jede andere Hilfe ab, außer daß er sagte: »Ich könnte schon was zu trinken brauchen.« Offenbar hatte er lange nichts gehabt, denn ausnahmsweise war er ganz nüchtern. Als die Nachbarin einen Arzt holen wollte, wurde er wütend, und als der Arzt doch kam, fand er Willi völlig zusammengebrochen im Garten liegen. Wenige Stunden später starb er an Unterkühlung.

Es ist erstaunlich, was alte Leute sich ausdenken, um nur der Langeweile etwas zu entgehen. Als ich neulich in einer ziemlich langen Schlange in einem Geschäft wartete, wandte sich die alte Dame, die vor mir stand, um und sagte: »Ach bitte, gehen Sie doch vor.« Ich war erstaunt und sagte: »Wenn Sie etwas vergessen haben und es noch holen möchten, dann halte ich Ihren Platz frei.« – »Nein, nein, bitte gehen Sie doch vor.« Das tat ich dann auch, und als ich bezahlt hatte und sie auch und ich mich bei ihr bedankte, sagte sie: »Ich muß Ihnen danken, denn hier zu warten vertreibt mir ein wenig die Zeit.«

Eines der Probleme im Umgang mit alten Menschen ist, unterscheiden zu können, wer wirklich unter solcher Einsamkeit leidet wie diese alte Dame und mit sich selbst nicht allein sein kann und wer wie mein blinder und fast tauber Freund das Alleinsein und die Einsamkeit sucht und fast beleidigt ist, wenn man ihm anbietet, ihn zu zerstreuen. Alte Menschen wie mein Freund sind wirklich niemals gelangweilt oder einsam und können glücklich sein, solange sie zureichende körperliche Pflege haben.

Soziale und religiöse Organisationen versuchen das Problem der Einsamkeit zu verringern, indem sie Gelegenheiten für Gruppentreffen alter Menschen arrangieren. Das können einfach gemeinsame Mittagstische sein, die schon deshalb nützlich sind, weil sie sorgfältig zubereitete Mahlzeiten für wenig Geld bieten. Oder es sind Tagesclubs mit organisierter An- und Abfahrt, die nicht nur Geselligkeit bieten, sondern meist auch anregende Beschäftigungen und manchmal sogar alle möglichen Annehmlichkeiten wie Haar- und Fußpflege. In den Tagesclubs wird Wert auf Kurse gelegt, in denen Schneidern und Basteln gelehrt wird bis hin zu bildender Kunst und Musik. Viele alte Leute haben ihr ganzes Leben so schwer gearbeitet, daß sie wenig Zeit und Kraft für ihre Weiterbildung hatten, und sie sind dankbar, wenn man ihnen im Pensionsalter nun Gelegenheit gibt, solche Kurse zu besuchen. Anders sieht es oft bei Pensionären aus der Mittelklasse aus. Ihr Lebensstandard hat sich seit der Pensionierung manchmal verschlechtert, und sie zögern, an Kursen teilzunehmen, die ihren intellektuellen Ansprüchen nicht genügen. Besonders alte Männer, die in wichtigen Stellungen waren und ängstlich versuchen, etwas von ihrem früheren Status zu erhalten, machen wenig Gebrauch von solchen sozialen Angeboten. Oft werden sie durch ihre Frauen in dieser selbst gesuchten Absonderung noch unterstützt.

Eine Möglichkeit für die Lösung solcher Probleme sind die Selbsthilfe- und Diskussionsgruppen, die meist in Lokalzeitungen angeboten und von Sozialarbeitern geleitet werden, die sich besonders für alte Menschen interessieren. Diese Diskussionsgruppen sind bei Pensionären aller Klassen sehr beliebt. Die Themen für die Diskussionen werden von den Teilnehmern selbst gewählt, und der Nachdruck liegt auf Selbsthilfe und Selbstbestimmung. Die alten Menschen begrüßen es, nicht nur Dienstleistungen entgegennehmen zu müssen, sondern selbst Schritte zu unternehmen, die ihr Leben verbessern. Wieweit alte Mitbürger solche Gruppen nutzen können, hängt nicht nur von ihrer Beweglichkeit und ihrem allgemeinen Gesundheitszustand ab, sondern auch vom Maß des Selbstbewußtseins und Vertrauens, das sie in ihren früheren Beziehungen gewonnen haben. Das Hauptziel aller solcher Aktivitäten ist, positive Beziehungen zwischen alten Menschen zu fördern und ihre Fähigkeit zu mobilisieren, einander zu helfen. Letzten Endes ist es die Verantwortung jedes alten Menschen, dazu beizutragen, ein gutes langes Leben nicht nur für sich selber, sondern auch für Altersgenossen zu schaffen und das heute meist negative Bild vom hohen Alter zu verbessern.

Das Ziel ist aber keineswegs, alte Menschen auf den Umgang mit Gleichaltrigen zu beschränken, obwohl die Erfahrung zeigt, daß das das übliche ist, trotz der Tatsache, daß alte Menschen oft sehr kritisch und nicht besonders liebevoll zueinander sind. Wahrscheinlich ist das so, weil sie bei dem anderen unerwünschte Alterssymptome sehen, die sie für sich selbst fürchten.

Die meisten alten Menschen, besonders die über achtzigjährigen, haben körperliche, geistige oder persönliche Schwierigkeiten, die sich auf ihr Leben auswirken. Ihre Altersgenossen haben die Wahl, ob sie sich von Forderungen nach ihrer Zeit, Hilfe und ihrem Mitgefühl überschütten lassen wollen, oder ob sie sich schuldig fühlen wollen, weil sie solchen Forderungen nicht nachgeben. Das ist besonders deutlich in der Beziehung zu geistig verwirrten alten Menschen. Der Umgang mit ihnen erfordert viel Zeit und Geduld, vor allem aber entsteht leicht das Gefühl, die Verwirrung sei ansteckend. Für hilfreiche alte Menschen ist es ein ernstes Problem, inwieweit sie es sich leisten können, weniger fähigen Alten ihre Anteilnahme zu zeigen und sich mit ihnen zu beschäftigen. Wie immer sie sich auch entscheiden, sie können es nicht vermeiden, mitzuerleben, wie einer nach dem anderen von ihren Zeitgenossen und Freunden krank wird, leidet und stirbt. Scheinbar gefühlloses Benehmen ist oft ein Versuch, solch schmerzliches Miterleben zu vermeiden. Als die Gründerin eines Altenclubs bei einer der Zusammenkünfte einen Schlaganfall erlitt, brachte sie ein anwesender Arzt ins nächste Krankenhaus und eilte dann zu den anderen zurück, um ihnen Bescheid zu sagen und sie zu trösten. Zu seinem größten Erstaunen wollte niemand von dem Vorfall sprechen. Es war wie ein heimliches Einverständnis zwischen ihnen, nichts von ihrer alten Freundin wissen zu wollen. Ähnliche Beobachtungen wurden in den »Sonnen-Siedlungen« gemacht. Wenn dort einer der Bewohner ernstlich krank wird, will niemand etwas davon hören.

Aber trotz aller Ambivalenz im Umgang mit Gleich-Alten herrschen diese Beziehungen schon deshalb vor, weil nur alte Menschen, die Kinder oder Enkelkinder haben, mit denen sie in regelmäßiger Verbindung stehen, Gelegenheit haben, jüngere Menschen zu treffen. Oft vermeiden sie Kontakte mit Jüngeren auch aus Angst vor den erforderlichen Anstrengungen wie Reisen oder Bewirtung oder aus der Angst, unerwünscht zu sein. Vielleicht hören oder sehen sie auch schlecht oder fühlen, daß sie die Verbindung mit jungen Menschen so sehr verloren haben, daß sie sie gar nicht mehr verstehen.

All diese Sorgen sind natürlich für die alten Menschen geringer, die mit ihrer Familie leben und ständige natürliche Beziehungen zu jüngeren Generationen haben. Die Veränderungen in der Familienstruktur – kleinere Familien, beschränkte Wohnverhältnisse, arbeitende Ehefrauen und die Tatsache, daß es zwei Generationen von alten Menschen gibt – machen eine solche Lösung des Altersproblems aber in unserer westlichen Gesellschaft immer seltener. Für diejenigen, die nur unter alten Menschen in Altersheimen leben, ist es am schwierigsten, Beziehungen zur jüngeren Generation aufrechtzuerhalten. Die Frage, ob es angebracht ist, immer mehr Altersheime einzurichten, wird heute oft gestellt. Nicht nur sind sie die bei weitem teuerste, sondern oft auch die am wenigsten zufriedenstellende Lösung, auch wenn es immer hilfsbedürftige und verwirrte alte Menschen geben wird, für die es keine andere Lebensmöglichkeit gibt.

Wir dürfen auch nicht vergessen, daß viele noch aktive alte Leute sehr gern ein Heim wählen. An vielen Orten sind ehemalige Landhäuser mit wunderschönen Gärten für Pensionierte aus höheren Berufen umgebaut worden. Sie können dort allein oder mit ihrem Ehepartner leben und können viele ihrer eigenen Sachen, an denen sie hängen, mitbringen. Auch kirchliche Organisationen bieten Altersheime mit einem mehr privaten Charakter an; ein Grund, weshalb diese Heime viel erfolgreicher sind, ist aber auch der, daß sie meistens von sehr viel jüngeren Alten gewählt werden. Eine kleine Zahl dieser Altersheime wird von örtlichen Behörden oder von privaten Wohlfahrtsorganisationen unterstützt. Alle übrigen aber verpflichten den einzelnen alten Menschen auf eine unbestimmte Zeit zu erheblichen Auslagen und sind deshalb nur für die zugänglich, die Privatvermögen haben.

Heutzutage leben allerdings die allermeisten alten Leute alleine und können mit oder ohne verschiedene Hilfeleistungen wie Tageshilfen, »Essen auf Rädern« und Gemeindeschwestern für sich selber sorgen. Wichtiger Teil eines solchen Lebens sind natürlich die Nachbarn und freiwillige Helfer, die Alleinlebende ganz regelmäßig besuchen.

Vielleicht die allerbeste Lösung für die alten Menschen, die kein geeignetes Zuhause haben, in dem sie alleine leben können, sind die betreuten Altensiedlungen, in denen jeder ein eigenes Zimmer, eine kleine Küche und ein Badezimmer hat, wie auch eine Klingel- und Sprechanlage zu dem Sozialbetreuer oder der Sozialbetreuerin, die sich für alle Einwohner verantwortlich fühlt.

Einige Stadtverwaltungen bieten kleinen Gruppen von alten Leuten auch gemeinsame Wohnungen an. Wählt man die Beteiligten sorgfältig aus und unterstützt sie besonders zu Anfang genügend, dann kann auch eine solche Lösung zur Überraschung aller höchst befriedigend sein.

In einem dieser Häuser einer Stadtbehörde wohnt ein Mann mit vier Frauen zusammen. Die Frauen wechseln sich darin ab, für ihn zu kochen und zu sorgen, und er seinerseits verwöhnt sie mit kleinen Geschenken und Aufmerksamkeiten. Er ist Mitte Siebzig, arbeitet noch immer als Künstlermodell und macht kein Geheimnis daraus, daß er »außerhalb des Hauses« ein Verhältnis mit einer der Künstlerinnen hat. In den Augen seiner Mitbewohnerinnen erhöht das sein Ansehen, und sie nehmen an den Aufregungen der Affäre teil. Da sie sich nicht um ihn als einen Liebhaber streiten müssen, können sie sich seine Versorgung friedlich untereinander aufteilen.

Bis vor kurzem wurde Sexualität im Alter völlig ignoriert. Wo sie sich doch zeigte, wurde das lächerlich gemacht oder verachtet. Solches Verhalten ist weit verbreitet, und deshalb wird das Thema höchst selten diskutiert. Jetzt, wo wir ein wenig mehr von Sexualität im Alter wissen, wird es klar, daß sexuelle Gefühle, Wünsche und Phantasien nie aufhören. Die wenigen ins einzelne gehenden Untersuchungen, die gemacht worden sind, zeigen, daß Männer in der Altersgruppe zwischen sechsundachtzig und neunzig Jahren zu 51 Prozent ihr sexuelles Interesse bewahren und daß die, die regelmäßig sexuelle Beziehungen beibehalten, im allgemeinen länger leben. Für alte Ehepaare, die ihre sexuelle Beziehung genießen, gibt es dafür keine Altersgrenze, selbst wenn der eigentliche Koitus anfängt, eine geringere Rolle zu spielen als das Glück der körperlichen Nähe und ausgetauschter Zärtlichkeiten. Auch gegenseitige Masturbation kann manche Ehepaare befriedigen. Alte Frauen, die keinen Partner mehr haben, fühlen sich oft so schuldig, wenn sie sich selbst befriedigen, daß sie ihren Arzt bitten, ihnen etwas zu verschreiben, damit das aufhört. Für alte Männer scheint das Masturbieren allein oder mit dem Partner weniger belastend zu sein. Ein alter Mann von siebenundachtzig Jahren bat nach dem Tode seiner Frau seine junge Nichte, ihm zu einer Erektion zu verhelfen; seine Frau hatte zu Lebzeiten das immer für ihn getan. Diesen Onkel würden viele Leute vermutlich als einen »schmutzigen alten Mann« bezeichnen, eine Beschimpfung, die wahrscheinlich mehr über die allgemeine Einstellung zur Sexualität im Alter aussagt als über diese alten Männer. Die wenigen sich zur Schau stellenden »Park-Streuner«, von denen ich gehört habe oder die mir über den Weg kamen, waren alles jüngere Männer. Es ist zwar wahr, daß alte Männer manchmal versuchen, mit jungen Mädchen zärtlich zu sein, weibliche Bekannte oder Nachbarn herzlich einladen, sie in ihrer Wohnung zu besuchen, oder sich durch unanständige Witze unbeliebt machen. Ein alter Mann, der das häufig tat, ärgerte damit alle Frauen in einem Altenclub. Als ihn die Sozialarbeiterin darauf ansprach, fing er an zu weinen und erzählte, daß seine Frau vor einem Jahr gestorben sei und daß er sich so verzweifelt und unglücklich fühle. Er habe selber solche Witze gar nicht gerne, aber komischerweise würden sie ihm helfen, etwas entspannter zu werden. Ich frage mich, wie viele von den sogenannten »schmutzigen alten Männern« einsam und unglücklich sind und statt Beschimpfung Verständnis brauchen. Durch das Verleugnen der Alterssexualität erlauben sich viele alte Menschen nicht, sie bei sich selber zu erkennen. Aber man muß auch sagen, daß für die heutigen Alten die sexuelle Revolution fünfzig Jahre zu spät gekommen ist. Sie können davon hören oder darüber lesen, aber sie sind zu belastet von der allgemeinen Einstellung. Eine Frau von über siebzig Jahren äußerte sich ihrer Tochter gegenüber erstaunt darüber, daß so viele ihrer Altersgenossen offenbar lieber in Einzelbetten oder sogar in Einzelzimmern schlafen. Ein ihr bekanntes Ehepaar hatte aus ihren zwei Zimmern zwei Wohnschlafzimmer gemacht. Ihr schien es schrecklich zu sein, daß man so lange zusammengelebt habe und sich nicht wirklich liebhabe. Aber sie räumte ein, daß Schnarchen, Beschwerden und Schmerzen Gründe dafür sein können, daß Ehepartner sich getrennte Schlafzimmer einrichten. Sie selbst spürte, daß ihr Bedürfnis nach körperlichem Kontakt und nach Liebesbezeigungen größer geworden war, aber es schien ihr, daß Unverheiratete es oft leichter haben, sich auch im hohen Alter ihrer Sexualität zu freuen. Sie erzählte dann weiter von einer ihrer Freundinnen, einer fachlich hochqualifizierten Frau, die jetzt über achtzig ist, sehr beliebt und liebevoll, aber nie geheiratet hatte. Für viele Jahre hatte sie ein Verhältnis mit einem verheirateten Kollegen, der fünfzehn Jahre jünger war. Dessen Frau war an Sex nie interessiert gewesen und hatte offensichtlich zu dem Verhältnis ihres Mannes mit dieser Frau, die ihre beste Freundin war, ihre Einwilligung gegeben. Die drei gingen zusammen in Urlaub, teilten viele Interessen miteinander und waren ein glückliches Dreigespann. Die mehr als achtzigjährige Frau gibt zu, daß ihr sexuelle Beziehungen immer noch Spaß machen und es gerade die Unerlaubtheit ist, die sie so aufregend machen.

Über sexuelle Bedürfnisse und Wünsche von alten Frauen hat bis vor kurzem eisiges Schweigen geherrscht. Und wenn man sich überhaupt mit dem Thema abgab, ging die Vermutung meist dahin, daß bei der Frau das sexuelle Verlangen eher verschwindet als beim Mann. Wie unangebracht das ist und wie wenig das zutrifft, vor allem wenn die Sexualität durch eine veränderte Situation einen neuen Antrieb bekommt, zeigt folgende Geschichte: Eine sehr verwöhnte Frau, die ihr ganzes Leben lang Dienstpersonal hatte und nie einen Finger krumm machte, war sechzig, als ihr Mann starb. Sofort nach dem Tod ihres Mannes verkaufte sie ihr großes Haus, ohne vorher jemanden um Rat zu fragen, und suchte sich durch eine Anzeige in der Zeitung eine Stellung als Hausdame bei einem »Mann von Rang«. Das war vor zwanzig Jahren, und sie hat noch immer diese Stelle bei dem – wie sie ihn nennt – »vollkommenen Gentleman«. Sie ist jetzt achtzig, und er ist sieben Jahre älter. Er wollte sie schon lange heiraten, aber sie lehnt das ab. Sie leben miteinander wie Mann und Frau. Kürzlich reisten sie mit der Bahn nach Italien, und als sie ein Zweibettabteil auf ihre beiden Namen buchen wollte, wies sie der Schaffner darauf hin, daß diese Abteile nur für Ehepaare seien. Sie war zwar wütend darüber, aber ganz offensichtlich auch stolz auf ihr unkonventionelles Verhalten. Es macht ihr wohl auch Spaß, in dieser Hinsicht mit ihrer Enkeltochter zu konkurrieren.

Eine andere Großmutter tut das ganz offen: Als ihre Enkelin ihre Verlobung anzeigte, begann sie selber sofort sich nach einem Freund umzusehen und verkündete diese ihre Absicht auch allen Freunden und Verwandten. Vielleicht ist diese Frau und manche andere neidisch auf die neuen Möglichkeiten einer sexuell freizügigeren Gesellschaft und fest entschlossen, sich nichts entgehen zu lassen, bevor es zu spät ist. Trotz solchen Neides ist es aber erstaunlich, wie selbstverständlich Großeltern sich meist damit abfinden, daß ihre unverheirateten Enkelkinder oft jahrelang mit ihren Partnern zusammenleben.

Ein solcher Neid liegt auch in der Bemerkung einer alten Frau, die sich darüber beklagte, daß sich das junge Paar im Geschoß über ihr ganze Nächte in seinem knarrenden Bett herumwälze. Aber schließlich sagte sie: »Na, wenn die alt sind, brauchen sie sich wenigstens nicht den Kopf zu zerbrechen, worum es eigentlich geht.«

In Tagesstätten, Altenclubs und wo immer alte Leute

zusammenkommen, ist das sexuelle Interesse sehr deutlich. Eine Beobachtung: Zwei alte Frauen klettern atemlos in einen Bus und sehen sich nach einem Sitzplatz um. Die eine von ihnen setzt sich aus Versehen auf ihre Handtasche, und die andere fragt kichernd: »Hat Sie das gekitzelt, oder haben Sie's schon ganz vergessen?«

Ein Beispiel aus einer Siedlung von Sozialwohnungen für alte Menschen zeigt, welches angeregte Interesse ausgelöst werden kann: Eine Witwe und ein Witwer, beide bereits über achtzig, sind ein Liebespaar geworden. Die meisten Bewohner der Siedlung verfolgen diese Affäre mit größtem Interesse; sie ist das Hauptgesprächsthema geworden. Etwa 60 Prozent gefällt es, und sie stimmen dem Paar zu (»Weshalb sollen die nicht ein bißchen Spaß haben?«), die übrigen mißbilligen das Verhalten der beiden (»Eine Schande, in dem Alter!«). Die Geschichte bietet ganz offensichtlich eine willkommene Abwechslung für alle. Vorher haben die Bewohner der Siedlung kaum miteinander gesprochen, jetzt treffen sie sich regelmäßig, um sich über Neuigkeiten in der Affäre auszutauschen.

In der gleichen Wohnsiedlung geht der Enkel eines Bewohners früh an jedem Morgen in sehr kurzen Shorts zum Waldlauf. Einige der alten Frauen halten dann immer hinter zurückgezogenen Vorhängen eifrig nach ihm Ausschau. Da er das weiß, ruft er hinauf: »Zieh den Vorhang auf, du neugierige alte Schachtel!« – Und das macht die Sache für sie nur noch aufregender und erfreulicher.

Obwohl die sexuellen Bedürfnisse alter Frauen so unbeachtet geblieben sind, nahm man es immer als selbstverständlich hin, daß alte Männer ihre Bedürfnisse irgendwie befriedigen müssen. Und wenn die Ehefrau uninteressiert ist, dann sucht sich der Mann jemand anders, meist wohl ohne je darüber nachzudenken, inwieweit das mangelnde Interesse seiner Frau durch sein eigenes Verhalten ihr gegenüber verursacht sein könnte. Er braucht die Bestätigung, daß er noch potent ist, und das macht sein Interesse für ihn legitim.

Ein neunundsiebzigjähriger Ehemann erschien immer bei

seinem Hausarzt, wenn er sich irgendwo ein Mädchen aufge-schnappt hatte. Triumphierend pflegte er zu melden: »Es war ganz herrlich; ich bin immer noch genauso potent wie in meiner Jugend.« Aber dann gestand er, daß er sich seiner Frau gegenüber schuldig fühlte, aber: »Sie hat ja kein Interesse dran, was soll ich da machen?« Alle diese Arztbesuche endeten mit der Frage: »Was wohl meine Söhne davon denken?«

Ähnliche Geschichten werden von vielen Hausärzten erzählt, die Verständnis dafür zeigen, daß diese alten Männer Angst haben, sexuell zu versagen: Sie fühlen sich trotzdem schuldig und brauchen vom Arzt die Zusicherung, daß ihre sexuellen Bedürfnisse nicht anomal sind. Ihre Potenz auszu-probieren ist vor allem deshalb für sie so lebenswichtig, weil sie in diesen Jahren spüren, daß sie durch ihre Pensionierung ihren Rang eingebüßt haben. Die Angst vor einem Versagen kann der oben zitierte Siebzigjährige vielleicht leichter durch Versu-che bei einer Prostituierten als bei seiner Ehefrau überwinden. Diese würde ihn vielleicht verachten, und so könnte das Gleichgewicht ihrer Ehe gefährdet werden.

Eine verständnisvolle Frau kann ihrem Mann sehr helfen, indem sie selbst die Initiative ergreift und dabei ihr Verhalten auf eine Art und Weise einrichtet, wie es zu ihrer vorhergehen-den sexuellen Beziehung paßt. Sie kann ein körperliches Symptom, vielleicht eine Infektion, feststellen, das die Ursache für eine vorübergehende Impotenz ist, und kann ihn damit beruhigen. Schließlich ist der Geschlechtsakt nur eine Art, seine Liebe auszudrücken. Wenn er nicht gelingt, sollte das niemals das Ende sinnlicher Beziehungen bedeuten; gerade dann kann enger körperlicher Kontakt für beide wachsende Bedeutung gewinnen, besonders für die alternde Frau. Sie wird das Verständnis ihres Ehemannes brauchen, wenn sie sich ihres veränderten Körpers schämt und sich nicht mehr reizvoll fühlt. Sie wird ihrerseits seine Liebkosungen und sein Einfühlungs-vermögen brauchen, um dann auch auf seine Annäherungsver-suche entsprechend reagieren zu können.

Ein Teufelskreis aus mangelndem Vertrauen kann zu gegenseitiger Ablehnung führen. Aber durch Offenheit von beiden Seiten können solche Gefühle nicht nur überwunden werden, sondern sie können sogar die Verbundenheit verstärken. Ohne gegenseitiges Verständnis muß eine Ehefrau frustriert und mißtrauisch werden, überzeugt, daß ihr Mann sie vernachlässigt, weil er eine Geliebte hat. Eine solche alte Frau ging zu einem Psychiater und bat ihn, ihr zu helfen: Sie hatte Angst, ihren Mann in ihrer Wut umzubringen; denn sie fand sich eines Abends mit einem Brotmesser in ihrem Bett.

Man weiß im allgemeinen über das Sexualleben alter Menschen wenig und natürlich noch weniger über das alter Homosexueller. Vermutlich halten sie sich in ihrer Gemeinschaft gut verborgen, denn die gesellschaftliche Ächtung, die sie ein ganzes Leben lang erfahren haben, verstärkt sich wahrscheinlich noch, wenn zu ihrem besonderen Lebensstil hohes Alter hinzukommt.

Homosexuelle Männer treffen trotz zunehmender Öffentlichkeitsarbeit von Organisationen, die ihre Interessen vertreten, oft auf große Feindseligkeit. Ihr Alter ist in mancher Beziehung vielleicht leichter als das heterosexueller Männer, weil die Konkurrenz von Kindern nach der Pensionierung nicht besteht; aber besonders bei nicht beständigen Beziehungen wird der Zwang, immer wieder neue, junge Partner zu finden, oft zu einem Drama. In langjährigen Beziehungen dagegen, in homosexuellen Ehen ist die innere Verbundenheit des Paares oft so stark, daß der Tod des Partners kaum zu ertragen ist. Man hört immer wieder, daß bei dem Tod eines homosexuellen Mannes der andere sehr schnell danach stirbt.

Für alte Frauen, die gemeinsam leben, ist das Problem meistens geringer. Sie sind selten als Lesbierinnen bekannt, und da sie meist soziale Berufe haben, sind sie in ihrer Nachbarschaft und Gemeinde oft hoch geschätzt. Der Vertreter einer Kampagne für die Gleichberechtigung von Homosexuellen erzählte mir aber: Er hatte vor Frauen in einer Schnellwäscherei über sein Anliegen gesprochen. Danach wurde er von einer über achtzigjährigen Frau angeredet, die sich bei ihm bedankte: »Ich habe immer gewußt, daß ich lesbisch bin, habe mich aber nie getraut, es mir selbst und anderen einzugestehen.

Jetzt, da ich Sie mit so viel Würde habe sprechen hören und gesehen habe, wie Sie für Ihre Sache einstehen, merke ich erst, was ich versäumt habe. Vielen Dank, ich fühle mich befreit!«

Trotz der Publizität einer Reihe von Organisationen begegnen besonders männliche Homosexuelle noch häufig großen Schwierigkeiten, falls es sich nicht um so bekannte und hochgeachtete Persönlichkeiten handelt wie Benjamin Britten und Peter Pears, die durch ihr untadeliges Verhalten Homosexualität achtenswert gemacht haben. Nach Brittens Tod vermochte es Pears, im Fernsehen über ihre große und schöpferische Liebe zueinander in einer weltbewegenden Weise zu sprechen. Ich frage mich freilich, ob diese beiden auch die wachsende Zahl von Clubs, Treffpunkten und Büros unterstützt hätten, die jetzt gleichgeschlechtlichen Liebhabern Hilfe, Rat und Gesellschaft anbieten.

Ein neuerer deutscher Film mit Elisabeth Bergner, der sie als Achtzigjährige in einem Altersheim zeigt, in dem sie zusammen mit ihrem gleichaltrigen Mann lebt, untersucht das Thema nicht endenden sexuellen Verlangens. Das alte Paar entweicht an Pfingsten für einen Tagesausflug aus dem Heim und erlebt einen Tag voller Mißgeschick, der ihm aber viele Erlebnisse gewährt. In einem überfüllten Bus zum Beispiel steht ein junges Mädchen in Jeans neben dem alten Mann. Es ist ein bezaubernder Anblick, wie er mit sich kämpft, sie nicht in ihren attraktiven Po zu kneifen, wie er schließlich der Versuchung erliegt und wie seine Frau glücklich darüber ist, daß ihm so was immer noch Spaß macht. Am Ende des Tages sind die beiden völlig erschöpft, schlafen in einer leeren Kirche Arm in Arm ein und träumen von ihrem vergangenen sexuellen Glück.

Im ganzen darf man wohl sagen, daß sich die Einstellung zur Alterssexualität langsam etwas verbessert. Filme, Theaterstücke und Literatur tragen zu größerem Verständnis bei. Selbst im wirklichen Leben beginnen sich Einstellungen zu ändern. Jeder, der Erfahrungen mit alten Menschen hat, wird schon einmal erlebt haben, daß sie auf die eine oder andere Weise lebendig werden, wann immer von Sexualität die Rede ist, auch wenn sie sonst noch so in sich gekehrt und gleichgültig scheinen. Wir alle wissen, wie eine alte Frau erröten kann und wie ihre Augen leuchten, wenn ein Mann – und sei es auch nur im Scherz – mit ihr flirtet. Und selbst die Angestellten in Altersheimen und Altenclubs fangen langsam an zu verstehen, wieviel besser die Atmosphäre ist, wenn beide Geschlechter vertreten sind und sich füreinander interessieren. Die Stationsschwester aus einer gemischten Abteilung eines Alterskrankenhauses sagte zu mir: »Wissen Sie, wenn es meinen alten Männern hilft, meinen Busen oder meinen Hintern anzufassen, und wenn sie sogar unter meine Röcke greifen – mir macht das nichts aus, wenn sie sich dann ein bißchen wohler fühlen. Aber was könnte ich nur für die alten Frauen tun?« Dies mag nun eine besonders großzügige Einstellung sein, aber es besteht kein Zweifel, daß man mehr und mehr damit anfängt, zu persönlichen Beziehungen zwischen alten Männern und Frauen in betreuten Altensiedlungen und Tagesstätten zu ermutigen. Wie sich herausgestellt hat, wird hierdurch nicht nur die allgemeine Atmosphäre verbessert, sondern Frauen wie Männer geben sich auch mehr Mühe, sich ordentlich anzuziehen, achten auf ihr Benehmen und werden oft lebendiger und aktiver. Die Leiterin einer Tagesstätte für sehr alte und zum Teil körperlich behinderte Leute sagte: »Unser Haus liegt gleich neben dem Standesamt; ich hoffe nur, unsere alten Leute machen davon Gebrauch.«

Auch in den Altersheimen lockert sich die früher häufige Strafmentalität im Hinblick auf Beziehungen zwischen männlichen und weiblichen Bewohnern. Man ermutigt alte Ehepaare, ihren Wunsch nach einem Doppelzimmer zu äußern. (Allerdings haben nicht alle alten Ehepaare diesen Wunsch; manche bitten sogar darum, in zwei verschiedenen Heimen untergebracht zu werden.) Bis vor kurzem war es aber nicht ungewöhnlich, daß man zwei unverheiratete Bewohner eines Altersheims, deren sexuelle oder enge Beziehung entdeckt wurde, aufforderte, das Haus zu verlassen. Vor einigen Jahren drückte ein alter Mann, den eine im gleichen Haus lebende alte Frau eingeladen hatte, sie nachts zu besuchen, ungeschickterweise auf die Alarmglocke anstatt auf den Lichtschalter. Die wütende Heimleiterin ließ die Glocke die ganze Nacht läuten, damit jeder im Heim über die unmoralischen Vorgänge

Bescheid wußte, und forderte die beiden »schuldigen« Heimbewohner auf, auszuziehen. Heute ist es vielleicht üblicher, daß wir in den Zeitungen von einer romantischen Liebesgeschichte zwischen zwei alten Leuten lesen, die sogar zum Traualtar oder aufs Standesamt führt.

Die Geschichte von Frau Hill zeigt deutlich, daß selbst sehr alte, behinderte oder verkrüppelte Menschen sich gegenseitig große Annehmlichkeit geben können, wenn man ihnen dabei hilft. Frau Hill mußte in ihrem Leben häufig mit Verlusten und Ablehnungen fertig werden; aber sie hatte sich dennoch und trotz ihrer schweren Verkrüppelung ihren Sinn für Humor und ihre positive Einstellung zum Leben bewahrt. Sie ist vor kurzem in ein Altersheim aufgenommen worden und traf dort gleich am Anfang einen furchtbar deprimierten alten Mann. Als sie hörte, daß er kürzlich seine Frau verloren hatte, die er viele Jahre lang hingebungsvoll gepflegt hatte, bemühte sie sich sehr, diesen alten Mann wieder etwas aufzuheitern. Das gelang ihr so gut, daß die beiden sehr bald ein Paar wurden, und noch bevor eine legale Ehe geschlossen werden konnte, richtete ihnen die Leiterin des Altersheimes ein gemeinsames Zimmer ein. Sonst hätte Frau Hill mit der Zeit eine Nachtschwester gebraucht. Für ihren Mann war es das Beste, was ihm passieren konnte, daß er wieder jemanden hat, für den er sorgen muß. Trotz ihrer zunehmenden physischen Behinderung sind die beiden unendlich glücklich und dankbar, daß sie ein so liebevolles und schönes Alter haben.

KÖRPERLICHE UND GEISTIG-SEELISCHE GESUNDHEIT IM HOHEN ALTER

Das Alter ist, wie Du's verstehst:
Wenn Träumen aus dem Weg Du gehst,
wenn alle Hoffnung in Dir kalt,
wenn gar kein Plan Dir kommt fürs Leben,
wenn in Dir tot ist jedes Streben,
dann bist Du alt.
Doch fühlst Du's pochen in der Brust,
nimmst all Dein Leben voller Lust,
wenn Liebe Dir Dein großer Halt –
dann zählen nicht die kleinen Dinge
noch etwa Deiner Jahre Ringe,
Du bist nicht alt.

Wann ist man eigentlich alt? Man kann Alter nicht mit der Zahl der Lebensjahre eines Menschen beschreiben, wie dieses Gedicht einer neunzigjährigen Frau deutlich macht. Sie schickte es mir mit der Bemerkung: »Oft fühle ich mich richtig verloren und verlassen auf der Welt und habe das Gefühl, zu nichts mehr nütze zu sein; aber dann habe ich plötzlich einen Gedankenblitz, oder das Wiedersehen mit ein paar Freunden läßt mich wieder aufleben, und ich spüre, das hohe Alter sollte nicht verpaßt werden.« Wenn man solche Momente noch genießen kann, wenn man andere noch lieben kann, dann ist man trotz der vielen Geburtstage, die hinter einem liegen, nicht alt. Manche Menschen sind mit fünfzig Jahren alt, andere sind über neunzig und denken nicht daran, sich als alt zu bezeichnen. Pablo Casals sagte, als er neunzig war: »Alter ist ein relativer Begriff. Wenn man weiterarbeitet und offenbleibt für die Schönheit der Welt, muß Alter nicht bedeuten, daß man alt wird. Jedenfalls nicht im üblichen Sinn. Ich fühle vieles intensiver als je zuvor, und mein Leben wird immer faszinierender.«

Aber ganz abgesehen von solchen subjektiven Gesichtspunkten hat sich auch objektiv der Altersbegriff verändert. Als ich jung war, galten Fünfzigjährige als alt, und wir erwarteten, daß sie sich entsprechend kleideten und benahmen. Als damals ein Freund von mir, ein amerikanischer Psychiater, ein Buch schrieb mit dem Titel: *Das Leben fängt mit fünfzig an*, galt das als revolutionär. Heutzutage gelten und fühlen sich Fünfzigjährige als jung, obwohl sie vielleicht schon ihre Silberhochzeit hinter sich haben und Großeltern sind. Sie mögen auch in der mittleren Lebenskrise stehen, der wichtigsten Vorbereitung zum Altwerden. Wie sie mit dieser zu Rande kommen, hängt aber nicht nur von ihnen ab. Medizinische Erfahrung, Fortschritte in der Sozialfürsorge und die allgemeine Verbesserung der Lebensbedingungen haben in der westlichen Welt zu einer dramatischen Lebensveränderung geführt und große Veränderungen in der Altersstruktur mit sich gebracht, die allerdings sowohl individuell wie sozial ernste Probleme mit sich bringen.

Obwohl es weitgehend als Aufgabe der Gesellschaft angesehen wird, diese verlängerte Lebenszeit lebenswert zu machen, hängt es letzten Endes doch von jedem einzelnen alten Menschen ab, ob das gelingt. Selbst die unvermeidliche Verringerung körperlicher und geistiger Kräfte, die manche alten Leute als Krankheit empfinden, kann entweder dazu führen, sich vom Leben zurückzuziehen, oder als Ansporn empfunden werden, mit Interesse und Neugier aus dieser neuen Situation das Beste zu machen.

Die medizinische Wissenschaft mag künftig körperliche Krankheit besser diagnostizieren und behandeln können und so die Gesundheit fördern. Physisch gesund zu sein, keine körperlichen Schwächen zu spüren, ist im Hinblick auf ein gutes langes Leben eine große Hilfe, jedoch keine unentbehrliche Voraussetzung. Alte Menschen mit allen möglichen Beschwerden können trotzdem ein reiches und sinnerfülltes Leben führen. Und was ist der Maßstab für gute körperliche Gesundheit im hohen Alter?

Die Weltgesundheitsorganisation definiert Geisteskrankheiten als »alle Arten von Erkrankungen, bei denen psychologische, emotionale oder verhaltensmäßige Störungen die hauptsächlichen Merkmale sind«. Noch stärker als bei körperlichen Erkrankungen muß hier die Gesamtpersönlichkeit berücksichtigt werden. Und diese Gesamtpersönlichkeit entscheidet auch über ein gutes langes Leben. Aber wovon hängt es eigentlich ab, ob alte Leute ein gutes, sogar schöpferisches langes Leben haben oder nicht? Welche gute Fee gab ihnen das Grundvertrauen, das solch eine Leistung ermöglicht? Erinnern wir uns an das so eindrucksvolle hohe Alter von Pablo Casals. Wir wissen, daß er sein ganzes Leben lang seine Mutter sehr verehrte. Mit achtzig Jahren heiratete er seine zwanzigjährige Schülerin, mit der er noch über zehn glückliche und musikalisch schöpferische Jahre verlebt hat. Wir wissen auch, daß ihn die junge Frau sehr an seine Mutter erinnerte. Sie stammte nicht nur aus deren Heimatort, sie war sogar im Nachbarhaus von Casals Mutter aufgewachsen. Die Liebe zu der Mutter und zu seiner Musik waren immer die Quellen seines Lebens.

Liebe zu Menschen und zu der gewählten Arbeit ist wohl auch bei weniger bekannten Menschen eine Hauptbedingung für ein gutes Alter. Ein dreiundneunzigjähriger Juwelier hatte immer noch so viel Freude an seiner Kunst, daß er bei einem neuen Arbeitsauftrag die ganze Nacht daran arbeitete, um das schönste Schmuckstück, das er je gemacht hatte, fertigzustellen. Am Morgen war er beglückt über das Ergebnis und starb in den Armen seiner Frau, erschöpft, aber tief befriedigt. Sein Sohn, der sehr liebevoll von seinem Vater spricht, sagte: »Wir hätten ihm nichts Besseres wünschen können. Sein ganzes Leben lang lebte er für die Schönheit seiner Arbeit und war nie an Geld interessiert.«

Ein schottischer Schulinspektor war so interessiert an den Schulen und den Kindern, denen er diente, daß er bis zu seinem einhundertundzweiten Lebensjahr bergauf und bergab ging, um sie zu besuchen. Dann starb er, zufrieden und ohne jedes Leiden.

Die unverheiratete Frau Grant feierte ihren hundertsten Geburtstag mit einer Gruppe von Freunden und Nachbarn. Es war ein frohes Fest. Sie war die älteste von fünf Geschwistern, und man hatte sie immer für die zarteste gehalten, aber sie überlebte sie alle. Ihr Vater, Besitzer eines kleinen Ladens, starb, als sie acht Jahre alt war. Ihre Mutter übernahm das Geschäft, um die Kinder zu ernähren. Mit vierzehn verließ Frau Grant die Schule, um ihrer Mutter zu helfen; ihre Lehrer hatten ihr davon abgeraten, da sie meinten, sie könne wohl ein Universitätsstipendium bekommen. Aber sie sah darin kein Opfer, sondern freute sich ihres Lebens und genoß die Freundschaft ihrer Nachbarn. Sie war beliebt und hatte mehrere Verehrer, dachte jedoch nie daran, zu heiraten und ihre Mutter zu verlassen. Die beiden führten Laden und Haushalt zu zweit. 1926 starb die Mutter, und Frau Grant führte den Laden ohne sie noch zehn Jahre weiter. Dann verkaufte sie ihn. Mit dem Erlös erwarb sie ein Haus für sich und ihre beiden unverheirateten Schwestern, und sie sorgte für die beiden, bis sie starben.

Im selben Haus feierte Frau Grant neulich ihren hundertsten Geburtstag. Sie ist noch immer Mitglied der Konservativen Partei und geht sonntags, wenn es das Wetter erlaubt, in die Kirche. Aber wirklich wichtig ist für sie die Freundschaft mit Nachbarn und ihren noch lebenden Angehörigen. Einer davon, ein entfernter Cousin, parkt seinen Wagen immer in ihrer Einfahrt. Er tut so, als fände er sonst nirgends einen Parkplatz, aber in Wirklichkeit will er so die alte Dame im Auge behalten, die ein hochgeschätztes Mitglied ihrer Gemeinde ist. Sie sagt, sie sei nie im Zweifel darüber gewesen, was richtigerweise zu tun sei, und habe deshalb auch nie in ihrem Leben etwas zu bereuen gehabt.

Oder da ist eine Familie von vier Schwestern, jetzt alle zwischen achtzig und neunzig, dabei noch immer in allen möglichen Gemeindeangelegenheiten tätig und liebevoll miteinander verbunden. Als die älteste Schwester ihren neunzigsten Geburtstag beging, gaben sie für dreiundvierzig jüngere Mitglieder ihrer weiteren Verwandtschaft ein gemeinsames Fest. In ihren Reden zu diesem Anlaß machten sie sehr deutlich, daß sie ihre Kraft für ein so tätiges hohes Alter aus ihrer Verwurzelung in der Gemeinde und aus ihrem Glauben ziehen.

Ich könnte noch von vielen einfachen, sehr alten Menschen erzählen, die in der Gemeinschaft, in der sie leben, weiterhin beachtlich mitwirken. Da ist zum Beispiel jener zweiundneunzigjährige Gärtner, der sich noch immer um seine Nachbarn kümmert. Wann immer Schwierigkeiten auftreten, wenden sie sich vertrauensvoll an ihn; er hilft ihnen fachmännisch und gern, wenn sie in ihrem Garten Hilfe brauchen, wenn im Haus kleine Reparaturen notwendig werden, wenn jemand einen Babysitter braucht oder die Nachbarn in Ferien fahren und jemanden suchen, der nach dem Haus und den Haustieren sieht. Und da ist jene neunzigjährige Bauersfrau, die ihrem Sohn von frühmorgens bis spätabends auf dem Acker hilft, so wie sie früher ihrem bereits verstorbenen Mann geholfen hat.

Manche Ärzte, Psychotherapeuten und Analytiker, die über achtzig oder gar neunzig Jahre alt sind – Anna Freud ist ein Beispiel –, behandeln weiter ihre Patienten und leisten wichtige Beiträge zu weiteren Studien auf ihrem Gebiet. Ich kenne eine neunzigjährige Psychotherapeutin, die nicht nur weiter lehrt und Patienten behandelt, sondern kürzlich ins

Ausland reiste, um dort an einer Universitätsklinik einen Kurs über ihre besonderen Methoden zu geben. Diese und unzählige andere alte Leute fühlen sich ihren Berufen und sozialen Aufgaben zutiefst verpflichtet, und ihre lebenslange Erfahrung und ihre Begeisterung ist oft von großer Bedeutung für die Bewegungen und die politischen Parteien, denen sie angehören. In der Bewegung für atomare Abrüstung sind zum Beispiel mehrere über Achtzigjährige unter den unermüdlichsten Demonstranten, und sie gelten als die glaubwürdigsten Mitglieder ihrer Bewegung.

Alle diese Beispiele zeigen, daß es das beste Rezept für ein gutes langes Leben ist, sich Interesse und Neugier zu bewahren und sich so zu verhalten, daß man sich sowohl geschätzt und umsorgt fühlt als auch für andere sorgen darf. Die wachsende Anzahl von Menschen, die sehr alt werden – ein hundertster Geburtstag ist keine Seltenheit mehr –, geht über jede frühere Erfahrung hinaus und ist auch trotz aller wissenschaftlichen Fortschritte schwer zu erklären bei einer Generation, die fast ausschließlich aus Überlebenden besteht. Zwei Weltkriege haben viele von ihnen heimatlos gemacht und haben, ganz abgesehen von schmerzlichen Verlusten, die Anpassung an oft völlig geänderte Lebensbedingungen mit sich gebracht. Viele der jetzigen Alten waren lange Jahre kriegsgefangen oder interniert, und auch diejenigen, die nicht selbst Opfer des Holocaust waren, haben unter dem Schatten unfaßbarer Grausamkeit leben müssen und seit dem letzten Krieg, seit Hiroshima, unter ständiger Bedrohung von Atomzerstörung.

Was für physische und geistige Kräfte haben es dieser Generation Überlebender ermöglicht, so besonders alt zu werden trotz all des Schweren, dem so viele andere erlegen sind? Wir wissen, daß sie ganz besondere Überlebensfähigkeiten entwickeln mußten, wie auch Kräfte, Traumata zu bewältigen. In den letzten Jahrzehnten hat man Erfahrungen von Menschen gesammelt, die Naziverfolgungen erlitten hatten: Oft sind sie nach ihrer Emigration in einem neuen Leben sehr erfolgreich geworden, aber im Alter, nach der Pensionierung, werden sie oft verstört und zeigen Symptome, die typisch für Verfolgungsängste sind. Es scheint, daß diese Menschen unbeschwert von den traumatischen Erfahrungen bleiben konnten, solange sie sich in erfolgreichen Arbeiten sicher fühlten. Sobald diese aber aufhören, werden sie von ihren früheren Erlebnissen überwältigt. Wir wissen auch, daß Überlebende aus Konzentrationslagern sich oft schuldig fühlen und fragen, weshalb sie überlebt haben, wenn Millionen – und darunter vielleicht ihre nächsten und liebsten Angehörigen – umgekommen sind. »Wozu blieb ich übrig? Welchen Tribut schulde ich für mein Leben?« Das sind ihre immerwährenden Fragen, der Preis, den sie noch immer zahlen müssen. (Die Reaktionen von Überlebenden aus Konzentrationslagern haben viele Autoren untersucht, darunter: Bruno Bettelheim, *Surviving*, und: Helen Epstein, *Children of the Holocaust*.)

Dazu kommt noch, daß die alten Menschen auch nicht mehr die Achtung erfahren, die früher dem Alter gebührte. Der Respekt, der in früheren Generationen und auch heute noch in manchen östlichen Kulturen alten Menschen erwiesen wurde und wird, hilft, nachlassende Fähigkeiten zu ertragen, ohne sich ganz nutzlos zu fühlen. Wenn sich alte Menschen geschätzt wissen, dann können sie nicht nur gesünder und glücklicher sein, sondern sie werden durch ihre Erfahrungen und durch ihre Talente auch ihre Umgebung bereichern. Unsere heutige Gesellschaft kann dazu erst beitragen, wenn sie wieder versteht, daß medizinische und soziale Fortschritte nicht genug sind: Sie müssen begleitet sein von größerem Verständnis für die menschlichen Bedürfnisse der Alten, deren wichtigstes ist, sich gebraucht und geschätzt zu fühlen.

Obwohl Mitglieder der helfenden Berufe, der freiwilligen Hilfsorganisationen und der Kirchen sich dessen oft bewußt sind und sich eifrig bemühen, diesem Bedürfnis gerecht zu werden, betrachtet die Gesellschaft im allgemeinen alte Leute immer noch als lästig und nutzlos und behandelt sie als Bürde. Ihre Abhängigkeit und Hilflosigkeit wird obendrein oft noch ausgenutzt. Man hört immer wieder von alten Leuten, die seit Jahrzehnten in der Mietwohnung einer Siedlung lebten, deren Wohnungen nun aber nicht mehr vermietet, sondern verkauft werden. Das ist vorteilhafter für den Hausbesitzer, der jeden Versuch macht, die alten Menschen zum Ausziehen zu veranlassen. Oft gibt er sogar Informationen an die Sozialbehörden, die Alten seien nicht mehr imstande, für sich selber zu sorgen. Auch wenn solche Manöver zunächst nicht gelingen, sind sie eine solche Bedrohung und schaffen soviel Unruhe und Aufregung im Leben der alten Menschen, daß sie dann oft krank werden und wirklich nicht mehr für sich sorgen können. Einer sechsundachtzigjährigen Freundin von mir passierte das, als sie kürzlich wegen einer Gürtelrose ins Krankenhaus mußte. Dort eröffnete man ihr eines Tages, daß in einem Brief des Hausbesitzers behauptet worden war, sie vernachlässige sich und ihre Wohnung und sei nicht mehr in der Lage, allein zu leben. Glücklicherweise stellte sich heraus, daß diese Anschuldigung des Hausbesitzers, der die Wohnung verkaufen wollte, reine Erfindung waren. Als ich dem Sozialamt den Vorfall schilderte, sagte man mir dort, solche Situationen seien ihnen nur allzu vertraut, denn sie kämen immer häufiger vor. Meine Freundin hat sich über die drohende Gefahr, ihre Wohnung zu verlieren, so aufgeregt, daß sie ihre frühere Lust am Leben fast ganz verlor und jede Hilfe brauchte, um wieder etwas Gleichgewicht zu finden.

Die zunehmenden Raubüberfälle auf alte Menschen, die nicht weglaufen oder sich verteidigen können, sind eine weitere Quelle der Angst. Sie nimmt alten Leuten den Mut, allein auszugehen, und manche verriegeln deswegen ihre Wohnungen wie Festungen. Trotzdem ist aber zu beobachten, daß das Bedürfnis, unabhängig zu bleiben, bei der heutigen Generation der Alten sehr stark ist. Angebote von Altengemeinschaften oder Wohngemeinschaften mit Kindern und Verwandten werden meistens abgelehnt.

Eine sehr aktive siebenundsiebzigjährige Freundin von mir ist gerade von einem Besuch in China zurückgekommen. Sie ist voller Begeisterung über alles, was sie dort gesehen hat. Sie beklagt sich nur darüber, daß sie nie über eine Straße laufen oder ein paar Stufen hinaufsteigen konnte, ohne daß irgendein junger Mensch sich beeilte, ihr zu helfen. Ihr Kommentar: »Das war lästig, denn ich brauch' das doch nicht!« Wie verschieden ist die Situation dort doch von unserer, wo alte Leute nicht verehrt werden, sondern sich als hilflose Opfer vorkommen! Dieses Gefühl trägt natürlich zu den häufigen Depressionen bei, die wir bei alten Leuten finden, deren Leben zu Ende geht und die sich fragen, was es eigentlich wert war. Oft sind sie so deprimiert, daß sie sich ganz vom Leben und anderen Menschen zurückziehen.

Wenn es gelingt, einen alten, deprimierten Menschen so weit zu ermutigen, daß er einem verständnisvollen Zuhörer von seinem Leben und seinen Beziehungen erzählt, kann er selber wieder Sinn in seinem Leben finden. Es hat sich als besonders wertvoll erwiesen, solche Gespräche mit alten Menschen auf Tonband aufzunehmen und sie ihnen wieder vorzuspielen und dabei die positiven Aspekte dieses Lebens zu betonen. Die Tatsache, daß diese Tonbänder bestehenbleiben und von Kindern, Enkelkindern und Freunden gehört werden können, kann einem alten Menschen helfen, das von allen Menschen ersehnte Gefühl des Weiterlebens zu erfahren. Der therapeutische Wert einer solchen Gesprächsserie ist oft ganz erstaunlich: Ich weiß von einer tief deprimierten alten Frau, die monatelang jeglichen Kontakt verweigert hatte. Bald nachdem sie ihre selbst auf Tonband erzählte Lebensgeschichte angehört hatte, trat sie einer Beschäftigungstherapiegruppe bei und produzierte dort einen Teppich, der so schön war, daß er in einer Ausstellung einen Preis gewann und sie ins Leben zurückführte. Voraussetzung für einen solchen therapeutischen Erfolg ist, daß die Gesprächspartner wirklich menschliches Interesse an den alten Menschen zeigen. Als ich einem Freund von mir, einem Historiker, von der günstigen Wirkung solcher auf Tonband festgehaltener Gespräche erzählte, versuchte er meine Begeisterung zu dämpfen. Solche Interviews mit alten Leuten, sagte er, seien einige Zeit zum Aufbau historischer Archive benutzt worden; das sei ganz und gar nichts Neues. Zwei Wochen später aber rief er mich an und erzählte mir, er sei nach unserer Begegnung mit einem Team zu einem alten Mann gegangen, um ein Gespräch aufzunehmen. Der Mann sei so gebrechlich und deprimiert gewesen, daß es fast eine Zumutung schien, ihn deswegen anzugehen. Aber sie seien dennoch geblieben, und dem alten Mann schien das nicht nur nichts auszumachen, sondern er habe nach dem Gespräch sogar besser ausgesehen als vorher. Acht Tage später rief mein

Freund ihn an, um sich zu erkundigen, wie es ihm ging, und der alte Mann sagte: »Ich weiß nicht recht wieso, aber seit Ihrem Besuch fühle ich mich bedeutend wohler.« Als mein Freund mir diese Geschichte erzählte, fügte er hinzu: »Vielleicht habe ich bei diesem Gespräch mehr einen therapeutischen als einen historischen Zugang gewählt.«

Das Wort therapeutisch oder gar psychotherapeutisch könnte in diesem Zusammenhang ziemlich irreführend sein. Es soll nur verdeutlichen, wie wichtig der Versuch ist, den alten Menschen als ein Individuum zu begreifen und nicht als ein anonymes altes Wesen. Die therapeutische Wirkung entsteht ja nicht aus dem, was gesagt wird, sondern aus der menschlichen Beziehung. Das Gefühl, verstanden zu werden, ist überhaupt eines der wichtigsten Hilfsmittel für alte Menschen.

Eine gebrechliche alte Dame lebte in einem Pflegeheim ganz glücklich und zufrieden in einem Zimmer im zweiten Stock. Als sie aber auf Veranlassung ihrer Familie in ein viel besseres Zimmer im Erdgeschoß zog, damit sie den Garten benutzen konnte, wurde sie sehr unglücklich und unruhig. Sie konnte nicht mehr schlafen und läutete jede Nacht nach der Nachtschwester, ohne erklären zu können, was sie bekümmerte. Nach einiger Zeit waren die Hilfskräfte in dem Heim von diesen Ansprüchen so belastet und fühlten sich so hilflos, daß sie anfingen, an eine Einweisung in eine Nervenheilanstalt zu denken. Aber ein junger Sozialarbeiter, der diese alte Dame sehr liebgewonnen hatte, bat darum, viel Zeit mit ihr verbringen zu dürfen, um zu versuchen zu verstehen, was sie eigentlich so bekümmerte. Lange Zeit konnte sie es nicht erklären, doch dann wurde langsam klar, daß sie während ihres ganzen Lebens immer hatte Glocken läuten hören. Das konnte sie auch in ihrem Zimmer im zweiten Stock und fühlte sich dort geborgen. Im Erdgeschoß dagegen hörte sie keine Glocken und fühlte sich ganz verloren, wußte nicht, wo sie war und was mit ihr geschehen würde. Als eine Standuhr besorgt wurde, die jede Stunde schlug, war das Problem überwunden. Wenn dieser junge, verständnisvolle Sozialarbeiter nicht die Ursache des großen Unglücks hätte erfahren können, wäre diese alte Frau in eine Nervenheilanstalt gekommen, wo sie ganz bestimmt todunglücklich gewesen und nie wieder herausgekommen wäre. Denn das ist leider die Erfahrung in unzähligen Fällen.

Aufgrund solcher Erfahrungen fühle ich mich berechtigt, immer wieder zu betonen, daß in der Behandlung alter Menschen das Verständnis ihrer individuellen Persönlichkeit das Allerwichtigste ist. Bis vor kurzem wurden Sauberkeit, Ordnung und Pünktlichkeit in Altersheimen für das Wichtigste gehalten – und in manchen von ihnen ist das heute noch so. Jetzt aber beginnt man zu verstehen, daß solche Tugenden einzuhalten für alte Menschen schwer und oft beängstigend sein kann. Neulich hörte ich von einem Altenfürsorger über eine unendlich tüchtige Stationsschwester in einem Krankenhaus für Alte, das musterhaft geführt wurde: Alle Patienten ihrer Station wurden bestens gepflegt, das Essen war ausgezeichnet, die Bedienung sorgfältig, aber achtzig Prozent hatten ihre Ausscheidung nicht unter Kontrolle, fünfzig Prozent mußten gefüttert werden, und alle waren verängstigt und bedrückt. Die Tatsache, daß sie wie unmündige Kinder behandelt wurden, daß man sie mit Vornamen anredete und sie als »böser Junge« oder »ungezogenes Mädchen« bezeichnete, hatte sie auf den Stand erschrockener Kinder herabgesetzt. Der leitende Arzt versetzte bei erstbester Gelegenheit die »zu tüchtige« Schwester in eine andere Abteilung, ersetzte sie durch eine warmherzige, weniger doktrinäre und arrangierte wöchentliche Diskussionsgruppen für alle Angestellten, in denen sie ein besseres Verständnis für die individuellen Nöte ihrer Patienten entwickeln konnten. Vier Monate später konnten alle Patienten ohne Hilfe essen, nur noch sehr wenige konnten ihre Ausscheidungsfunktionen nicht kontrollieren, und die veränderte Atmosphäre auf der Station machte sowohl die Angestellten wie die Patienten entspannter.

Solche Erfahrungen können nicht oft genug bekanntgemacht werden. Ich erinnerte mich daran, als mich vor kurzem eine sehr freundliche, aber geschäftsmäßige Oberschwester durch ihr vorbildlich geführtes Krankenhaus führte. Als sie die letzte Tür öffnete, sagte sie: »Und hier sehen sie unsere lieben Babys.« Was ich sah, waren alte Damen in Gitterbetten, fleckenlos sauber und adrett angezogen, sehr gepflegt aussehend, sorgfältig frisiert und viele mit Schleifchen im Haar. Sie lächelten alle, wie man das ja von »lieben Babys« erwartet, aber im Gegensatz zu wirklichen Babys durften sie nicht versuchen, unabhängig zu werden.

In einem anderen geriatrischen Krankenhaus, das ich besuchte, waren die Patienten in der Aufnahmestation für stark regredierte Patienten ebenfalls völlig hilflos und wurden wie Babys behandelt. Der Unterschied war jedoch, daß alles, was man für sie tat, immer mit der Hoffnung verknüpft war, daß die Patienten wieder kräftiger und unabhängiger würden und es wieder selber tun könnten. So eine Einstellung zu hilflosen Patienten beansprucht viel mehr Zeit und Geduld. Aber zum Abschluß meines Besuches konnte ich sehen, wie lohnend diese Mühe sein kann: Denn ich traf Patienten, die in kleinen Gruppen von vier oder fünf alten Leuten in Bungalows zusammen leben und mit etwas Hilfe alleine füreinander sorgen. Bei ihrer Einlieferung waren diese Patienten ebenso hilflos wie Babys gewesen. Mir wurde klar, wie sehr diese Methode den alten Leuten hilft und wie lohnend und zeitsparend sie auf die Dauer auch für das Pflegepersonal ist. Natürlich werden nicht alle regredierten alten Patienten so erfolgreich auf das Angebot von Selbständigkeit und Unabhängigkeit ansprechen, aber man hat mir versichert, daß der größte Prozentsatz solcher hilfloser Patienten wieder eigenverantwortlich leben kann.

Auf solchen »therapeutischen Stationen«, wo man den Patienten an der Verantwortung für seine Genesung teilhaben läßt, legt man besonderen Wert darauf, den einzelnen, seine Lebensgeschichte und seine Beziehungen zu verstehen und ihn als ein autonomes, menschliches Wesen anzuerkennen. Dazu kommt ein erhöhtes Wissen über spezifische Alterskrankheiten, von denen viele erfolgreich behandelt werden können. Die körperlichen, geistigen und psychischen Gründe für Altersverwirrung werden immer deutlicher unterschieden. Dies verändert nicht nur die Einstellung alter Menschen zu ihren Schwierigkeiten, sondern auch die Haltung der Ärzte und des Pflegepersonals zu ihrer Arbeit. Auch junge Leute entscheiden sich jetzt oft für die Arbeit mit alten Menschen. Früher betrachteten sie diese Arbeit eher als deprimierend, heute übernehmen sie sie voller Begeisterung und Interesse. Diese Entwicklung läuft parallel zu einer allmählichen Veränderung des negativen Bildes vom hohen Alter.

Wie wichtig eine entspannte Atmosphäre dafür ist, alten Leuten in Heimeinrichtungen dabei zu helfen, miteinander Beziehungen zu pflegen, versteht sich von selbst. Oft genug ist dazu aber eine Veränderung in der Anlage der Aufenthaltsräume erforderlich. In zu vielen Einrichtungen ist noch immer ein Alptraum alltägliche Wirklichkeit: alte Leute sitzen längs den Wänden auf ihren Stühlen, in einsamer Verzweiflung, verbittert, starren auf den Fernseher, ohne etwas zu sehen. Selbst wenn solche großen Räume nicht zu unterteilen sind, könnten doch die Stühle in kleinen Gruppen um Tische herum aufgestellt werden, um zum sozialen Kontakt zu ermutigen. Überraschenderweise widersetzen sich sowohl die Patienten als auch das Personal solchen Veränderungen. Wenn dann aber ein Beschäftigungstherapeut oder ein anderer Mitarbeiter sich persönlich engagiert und mit einer kleinen Gruppe der Bewohner arbeitet oder plaudert, ohne eine besondere »Leistung« zu erwarten, verbessert sich die ganze Atmosphäre oft beträchtlich.

Besonders verwirrte Menschen sind für eine solche persönliche Ansprache viel empfänglicher als für eine intellektuelle oder technische Anweisung. Als ich einmal eine sehr verwirrte Frau in ihrem Altersheim besuchte, fand ich sie ganz unglücklich: Sie spielte aufgeregt mit den Knöpfen eines Nachttischs und murmelte immer wieder vor sich hin: »Ich weiß nicht, was ich tun soll, ich weiß nicht, ob ich die Knöpfe nach oben oder nach unten drehen soll.« Sie war so erregt, daß sie nicht mal in der Lage war, meinen Gruß aufzunehmen, oder den Blumen, die ich ihr mitgebracht hatte, Aufmerksamkeit zu schenken. Um herauszubekommen, was sie so beunruhigte, sagte ich: »Ich habe den Eindruck, daß Sie sich über irgend etwas im Haus aufregen, aber nicht ganz sicher sind, ob Sie es ändern können.« Sofort wurden ihre Gefühle klarer, sie erzählte mir, was sie geärgert hatte. Schließlich sagte sie: »Na ja, so schlimm sind die Dinge ja nun auch wieder nicht. Das Beste ist, sie so zu lassen, wie sie sind.« Daß ich wahrgenommen hatte, welches größere Problem wirklich bestand, machte es ihr möglich, die Situation positiver einzuschätzen, und zu meiner Freude konnte sie ein paar Minuten später einer Mitbewohnerin, die nicht von ihrem Stuhl hochkam, freundlich und tatkräftig helfen.

Einsamkeit ist die größte Verzweiflung alter Menschen, die sie oft genug aus Stolz oder Hoffnungslosigkeit verleugnen. Sie überfällt die, die zu Hause leben, ebenso wie die Bewohner von Altersheimen, entstellt ihre Persönlichkeit und bringt sie aus dem Gleichgewicht. Hier kann nur mitleidendes Verstehen Erleichterung bringen. Ohne ein solches Verständnis bleiben noch so wohlgemeinte Versuche, der Einsamkeit mit sozialen Einrichtungen wie Tageszentren, Clubs oder Ausflügen zu begegnen, ohne Erfolg.

Ein alter Mensch, dem eine wirkliche, fortdauernde Beziehung fehlt, kann mit der unerträglichen Einsamkeit fertig werden, wenn er sich in eingebildeten Beziehungen Trost sucht. Die siebenundachtzigjährige Frau Freund ist schon lange Patientin in einem geriatrischen Krankenhaus. Sie lebt völlig in der Erinnerung an ihren Verlobten Georg, der im Ersten Weltkrieg gefallen ist. Ihre verständnisvolle Krankenschwester schließt Georg in alles ein, was sie mit Frau Freund tut. »Georg sähe es gern, wenn Sie jetzt einen kleinen Spaziergang machten.« Oder: »Georg wollte immer, daß Sie abends etwas Warmes trinken.« Frau Freund fühlt sich durch die häufige Nennung seines Namens sicher und ist glücklich und aufgeschlossen. Als aber diese Schwester einmal krank wurde, ohne vorher ihre Kolleginnen über die Wichtigkeit von Georg verständigen zu können, wurde Frau Freund so ärgerlich und schwierig, daß sie alle auf der Station gegen sich aufbrachte und die Mitarbeiter nicht mehr wußten, was man tun solle. Glücklicherweise kam die verständnisvolle Schwester wieder zurück, bevor man beschloß, Frau Freund in eine Nervenheilanstalt einzuweisen. Sie konnte ihr schnell das Gefühl der Sicherheit wiedergeben, das davon abhängt, daß ihre eingebildete Beziehung zu einem anderen Menschen ernst genommen wird. Solche Phantasien können einsamen alten Menschen ihr Leben erleichtern, und ihre Helfer sollten sie als therapeutisch erkennen, besonders wenn sie für den alten Menschen eine Brücke zu neuen wirklichen Beziehungen bauen.

Keinesfalls ist es immer ein geliebter Mensch, der im Mittelpunkt solcher Phantasien steht. Frau Brand, die schrecklich verkrüppelt war, konnte ihrer Schwester Petra nie verzeihen, daß sie hübsch war, Freunde hatte und heiratete. Sie erzählte gern »schreckliche« Geschichten über das Liebesleben dieser Schwester und ihres Mannes. Offenbar verschafften ihr diese endlosen Schauergeschichten über sexuelle Erlebnisse anderer ein gewisses Ventil für die eigene sexuelle Frustration. Alles und jedes konnte diese Erzählungen bei ihr in Gang bringen. Sie erreichten den Grad von Besessenheit, als sie auf einem Zeltplatz einmal einen alten Mann beobachtete, der eine Toilette mit der deutlichen Aufschrift »Für kleine Mädchen« benutzte. So, wie Frau Brand über Sexualität spricht, grenzt das manchmal an Verrücktheit, ist aber in gewisser Weise auch heilsam, denn anscheinend hilft es ihr, ihr eigenes frustriertes und trauriges Leben zu ertragen.

Auch Herr Graham scheint ein solch alter Mann zu sein, der nur durch seine Phantasien ein einsames und enttäuschendes Leben durchstehen kann. Einer warmherzigen Frau war er öfter aufgefallen, wie er Stunde um Stunde über dem Heizungsgitter in einer Kirche hockte, schmutzig und zerlumpt. Sein Aussehen zeigte deutlich, daß er nur in Notunterkünften schlief. Sie nahm ihn bei sich auf und half ihm wieder auf die Beine. Mit der Zeit stellte sich heraus, daß er ein intelligenter, gebildeter Mann war, der Latein und Griechisch konnte. Er sprach nie über sein Leben, und es blieb ein Rätsel, was zu seinem völligen Zusammenbruch geführt hatte. Er schien keinerlei persönliche Beziehungen zu haben und sagte einmal, er habe für niemanden etwas übrig. »Ich habe mein Herz zugesperrt und den Schlüssel weggeworfen.« Erst nach seinem Tod stellte sich heraus, daß er einmal verheiratet gewesen war. Herr Graham wurde in seinem Alter wieder zu einer ansehnlichen Person und schuf sich selbst eine eigene Familie: Er nannte die Frau, die ihm wieder auf die Beine geholfen hatte und die zwanzig Jahre jünger war als er, seine Mutter und schrieb ihr jede Woche einen langen Brief, mit dem er ihr Interesse an ihm wachzuhalten suchte. Er adoptierte auch eine »Tochter«: Es war eine junge verheiratete Frau mit drei kleinen Kindern, die er in einem Park kennengelernt hatte. Die hatte ihn sehr gern, und auch ihr Ehemann kümmerte sich intensiv um den alten Mann und ließ sich von ihm gern als Schwiegersohn behandeln. Ihre drei kleinen Kinder wurden für ihn seine Enkel. Aber er suchte sich in der Dorfkneipe auch eine Frau aus, die er als seine »Geliebte« bezeichnete. Mehrere Jahre lang hatte er eine höchst anregende »Affäre« mit ihr, bei der es immer auf und ab ging. Obwohl es offensichtlich niemals zu einer sexuellen Beziehung kam, wurde sie zu der Romanze im Leben von Herrn Graham. Er berichtete von ihr jeweils ausführlich in den allwöchentlichen Briefen an seine »Mutter«. Sehr wahrscheinlich verband er diese Frau innerlich mit einer früheren Beziehung, die ihm wohl sein Leben schwergemacht hatte. Als er dann aber ernstlich krank wurde, bat er seine »Tochter« um Hilfe, und sie pflegte ihn, als es klar wurde, daß er im Sterben lag. In diesen eingebildeten Beziehungen konnte Herr Graham sein Bedürfnis nach herkömmlichem Ansehen mit dem nach einer etwas pflichtvergessenen, riskanten Beziehung in Einklang bringen; aber es scheint, daß ihm diese Lösung für seine Einsamkeit erst dann möglich war, als er eine »Mutter« gefunden hatte.

In allen diesen Fällen waren die Phantasien Überlebenshilfen, und sie sollten auch als solche akzeptiert werden. Bei zerstörerischen Phantasien aber und bei solchen, die Verfolgungsängste auslösen, sollte man für Hilfe sorgen, um dem alten Menschen zu ermöglichen, Schuld und Konflikte, die an den Wurzeln solcher Phantasien liegen, zu verstehen und vielleicht zu lösen. Es mag sein, daß bereits im früheren Leben Anzeichen von Spannungen deutlich waren, die aber erst im hohen Alter für die geistige Gesundheit bedrohlich werden, wenn nämlich die Fähigkeit zur Selbstkontrolle nachläßt und Krankheit, Trauer und Todesfurcht ungelöste Konflikte wiederbeleben. Diese können ihre Wurzeln durchaus in der Kindheit haben, zum Beispiel in der ödipalen Phase. Wie heftig inzestuöse Phantasien wieder aufgewühlt werden können, aber auch die Schuld, die so häufig damit verknüpft ist, wurde mir klar, als ich mein Buch . . . . *bis daß der Tod euch scheidet* schrieb und mich mit Situationen beschäftigte, die durch Tod und endgültige Trennung bestimmt werden. Ich habe darauf ja schon im Kapitel über das Leben mit Verlusten hingewiesen.

Die Geschichte von Frau Müller macht das noch einmal ganz deutlich. In ihrer Kindheit war sie der Liebling ihres Vaters gewesen und achtete wachsam darauf, daß ihre ältere Schwester diese Stellung anerkannte und so weit wie möglich auch ihre Mutter. Die Folge war eine sehr ambivalente Beziehung zur Mutter wie zur Schwester. Aus dem kleinen Mädchen wurde eine ansehnliche junge Frau mit vielen Freunden und zahlreichen Heiratsanträgen. Sie ging jedoch auf keinen von diesen ein, bis sie einem Mann begegnete, dessen Beruf ihn häufig für lange Zeit von zu Hause fernhielt und der ihr erlaubte, ein Haus in der unmittelbaren Nachbarschaft ihrer Eltern zu wählen. So konnte sie die enge Beziehung zu ihrem Vater aufrechterhalten. Ihre beiden Töchter versuchte sie so weit wie möglich vom Großvater fernzuhalten, für den sie weiterhin die wichtigste Person bleiben wollte, hielt die Kinder aber auch von ihrem eigenen Vater fern. Dennoch wurde ihre jüngste Tochter Susanne der Liebling ihres Vaters, und zwischen den beiden entwickelte sich eine sehr nahe Beziehung. Auch Susanne war ein sehr hübsches Mädchen, aber im Gegensatz zu ihrer Mutter war sie sich offenbar der Gefahren bewußt, die in einer solchen Nähe zu ihrem Vater lagen. Sie heiratete einen Ausländer, der sie mit nach Übersee nahm. Das verbesserte jedoch die Beziehung zwischen ihren Eltern keineswegs, denn jeder gab dem anderen die Schuld, daß die Tochter weggegangen sei.

Nach dem Tod ihres Mannes wurde die inzwischen fast achtzigjährige Frau Müller sehr zornig und argwöhnisch. Von ihrer einzigen Schwester und ihren beiden Töchtern hatte sie sich dermaßen entfremdet, daß sie meinte, die ganze Welt sei gegen sie. Ihr unsinniges Mißtrauen gegen alle weiblichen Angehörigen schlug in eine allgemeine Verfolgungsangst um und führte schließlich zu einem Nervenzusammenbruch.

Fachleute, die mit geistigen Alterserscheinungen zu tun

haben, überschätzen meiner Meinung nach die organischen Faktoren und sehen als Hauptursache für gestörtes Verhalten eine Altersdemenz an, die als unwiderrufliche und fortschreitende Zerstörung des Gehirns betrachtet wird. Jemandem wie Frau Müller kann man jedoch nur helfen und kann ihre Situation nur verstehen, wenn man ihre Lebensgeschichte kennt. Es bleibt zu hoffen, daß mit den geistig verwirrten alten Menschen mehr und mehr in psychotherapeutischer Richtung gearbeitet wird.

Natürlich gibt es auch unwiderlegbare medizinische Befunde von Altersdemenz, die durch Zerstörung von Gehirnzellen bei alten Leuten auftritt. Doch die Beschaffenheit dieser Krankheit ist keineswegs so eindeutig. Denn wieso tritt sie bei einigen Leuten auf, wenn sie gerade fünfzig oder sechzig sind, während andere trotz organischer Veränderungen bis ins hohe Alter ohne bedeutende geistige Beeinträchtigung oder Verhaltensveränderungen weiter gut zurechtkommen, anscheinend wohl mit einer absoluten Überfülle von Gehirnzellen? Das zeigt, wie wichtig es ist, beim Auftreten von Verhaltensänderungen, besonders wenn sie plötzlich auftauchen, nach anderen Gründen zu suchen. Depressionen, die behandelt werden können, mögen eine Ursache sein oder die Reaktion auf Medikamente oder Narkosen wie auch eine Reihe von physischen Störungen, etwa Schilddrüsenveränderungen oder plötzlich einsetzende Schwerhörigkeit. Trauer um einen wichtigen Menschen oder andere bedeutsame Verluste oder verwirrende Veränderungen in den Lebensbedingungen können geistige Störungen auslösen. Besonders wenn sie überraschend auftreten, ist es wichtig, nicht nur organische Untersuchungen anzustellen, sondern alle Aspekte im Leben des Patienten zu beachten. Sozialfürsorgerinnen haben mir berichtet, daß sich ihre alten Patienten jetzt oft sogar ziemlich verwirrt zeigen, weil sie die inflationären Geltwertveränderungen nicht verstehen können und sich weigern, zu essen oder ihre Wohnung zu heizen, auch wenn sie genügend Geld haben, um ihre Auslagen zu begleichen.

Ein Beispiel plötzlicher Flucht in geistige Verwirrung war für mich eine siebzigjährige Frau. Nach dem plötzlichen Tod ihres überragenden Ehemannes verfiel sie in völlige Verwirrung. Er hatte ihr Leben völlig beherrscht und auch über die Führung des Haushalts bestimmt. Er hatte zwar immer wieder betont, wie sehr er seine reizende Frau vergöttere: »Sie kann auf meinen Händen herumtanzen.« Aber es kam ihm nie in den Sinn, sie an irgendeiner Entscheidung zu beteiligen oder ihr eine Verantwortung zu geben. Und sie schien zufrieden zu sein, sich nur ihrer Musik zu widmen. Als dieser Mann nun starb, war es ihr nicht möglich, ihr nun völlig verändertes Leben zu akzeptieren, und vom Augenblick seines Todes an zog sie sich von der Wirklichkeit zurück. Sie zeigte keine Trauer, erwähnte nicht einmal mehr seinen Namen, sondern lächelte glücklich vor sich hin und sprach nur noch von Feen, Prinzessinnen und Schmetterlingen. Da ihre Familie fühlte, daß die Wahrheit für sie unannehmbar sei, ließ man sie in ihren Träumen. Sie starb – gut versorgt in ihrer gewohnten Umgebung – ein Jahr später im Schlaf.

Wie weit man alten Menschen, die die Wirklichkeit leugnen, helfen soll, sich ihr zu stellen, muß in jedem Einzelfall entsprechend den jeweiligen Umständen sorgfältig überlegt werden. Die sechsundachtzigjährige Betty hatte stets auf ihrer geistigen und sozialen Überlegenheit bestanden und hatte schmerzliche Erlebnisse – wie etwa den Verlust ihres geliebten Vaters oder den tragischen Tod ihres Bruders – immer verleugnet. Nach einem Rohrbruch in ihrer Wohnung, den sie nicht unter Kontrolle bringen konnte, fing sie an, völlig verwirrt zu werden; hilflos zu sein konnte sie nicht bewußt ertragen. Ihre Verwirrung nahm rapide zu, daß sie nicht mehr für sich sorgen konnte und in ein Altersheim aufgenommen werden mußte.

Dort war sie ganz vergnügt, weil sie, wie sie sagte, jede Minute den Besuch ihrer fünfzehn Jahre jüngeren Schwester aus Irland erwartete. Statt dessen aber kam die Nachricht, daß diese Schwester plötzlich gestorben sei. Betty weigerte sich, diese Nachricht entgegenzunehmen: Sie, die eigentlich an Schlaflosigkeit litt, ging um elf Uhr morgens ins Bett, schlief sofort ein und wachte für vierundzwanzig Stunden nicht auf. Als sie das schließlich tat, wurde ich gebeten, ihr zu helfen, den Tod der Schwester, deren Ankunft sie ja täglich erwartet hatte, zu akzeptieren. Das war eine schwere Aufgabe. Betty wich immer wieder aus. Als sie dann schließlich bereit war, den Verlust anzunehmen, verleugnete sie jede Trauer mit der Bemerkung: »Und nun ist das Allerwichtigste, daß ich eine interessante Arbeit finde.« Die Annahme dieses traurigen Ereignisses hat nicht nur verhindert, daß Betty noch stärker verwirrt wurde, sondern sie der Wirklichkeit sogar etwas nähergebracht; sie kann jetzt oft behinderten alten Menschen in dem Altersheim nützlich sein. Wenn Betty mir erzählt, daß sie morgen nach Australien fliegt, wo berühmte Künstler auf sie warten, zeige ich nicht den mindesten Zweifel an dieser Geschichte. Aber eine dauernde Verleugnung des Todes ihrer Schwester hätte sicher ihre Verwirrung nur verstärkt.

Eine Besserung wie bei Betty ist besonders in der Heimpflege bemerkenswert, wo Verwirrung und sogenannte Altersdemenz sich häufig unter den Bewohnern wie eine ansteckende Krankheit ausbreiten. Die Ausbildung von Ärzten und Krankenschwestern versorgt diese unglücklicherweise nicht mit genügend Erfahrung für die Behandlung von Geistesstörungen bei alten Leuten, was ihre ambivalente Einstellung zu diesen noch verstärken kann. Wie ich bereits erwähnte, wird ein Großteil dieser Ambivalenz häufig durch die eigenen Konflikte und die eigene Schuld in den persönlichen Beziehungen des Therapeuten mit alten Eltern und anderen älteren Verwandten verursacht oder durch die Furcht vor dem eigenen hohen Alter und dem Tod. Dies bewirkt den Teufelskreis einer Interaktion, die in heimlichem Einverständnis zwischen den Alten und ihren Helfern abzulaufen scheint, indem sie jeweils beim andern das verstärken, was sie selber am meisten fürchten. Und weil es nicht genügend soziale Gemeinwesenarbeit und Hilfe und Pflege durch Gemeindeschwestern gibt, landen viele alte Menschen in einer Nervenheilanstalt, wo sie nun wirklich nicht hingehören. Wie ich jedoch bereits sagte, besteht Hoffnung auf eine Veränderung, da eine breiter angelegte Ausbildung neue Ideen bei Ärzten, Schwestern und Sozialarbeitern fördert und die Arbeit mit Alten zu einer aufregenden Herausforderung macht. Eine der neuen Methoden, die sich bei sehr verwirrten alten Leuten als wirksam herausgestellt haben, selbst wenn sie bisher als hoffnungslos abgetan wurden, ist die sogenannte Wirklichkeitsorientierung. Sie kann auf verschiedenste Weise genutzt werden. Das Ziel bleibt dabei immer gleich: nämlich den Patienten dadurch besser zu befähigen, mit der Realität in Kontakt zu bleiben, indem man ihn immer wieder über einfache Tatsachen unterrichtet wie auch Veränderungen in seiner Umgebung vermeidet. So weit wie möglich sorgen die gleichen Mitarbeiter immer für die gleiche Person und identifizieren sich und den alten Menschen immer mit dem eigenen Namen.

Ich bin nicht kompetent genug, diese oder irgendeine andere Behandlungsmethode hier näher zu erläutern, aber ich spüre die Notwendigkeit, noch einmal zu betonen, daß jede therapeutische Wirkung von dem Grad des persönlichen und individuellen Kontaktes mit alten Menschen abhängt. Der direkteste Weg, ihre geistige Gesundheit zu verbessern und ihr Wohlbefinden zu erhöhen, ist echtes Interesse an ihrer Persönlichkeit, ihrem Leben und ihren Beziehungen. Daß dies von der Umgebung der Alten allmählich verstanden wird, bietet die größte Hoffnung dafür, daß nicht nur die körperliche und geistige Gesundheit der alten Mitbürger gefördert und verbessert wird, sondern auch das Zusammenleben mit ihnen sich grundlegend verändert.

DIE SUCHE
NACH SINN

Bisher habe ich in diesem Buch versucht, alte Menschen zu verstehen und ihre besonderen Probleme und Anliegen im Zusammenhang mit ihrer Lebenssituation und mit ihren Beziehungen darzustellen. Bei dem Versuch, jetzt ein wenig von dem, was man die horizontale Ebene nennen mag, wegzurücken, müssen wir uns dessen bewußt bleiben, was wir gelernt haben. Nur so können wir über die weniger greifbaren Aspekte des Alters nachdenken wie Zweifel und Glauben und die Bedeutung und der Zweck des Lebens. In früheren Stadien des Lebenszyklus mögen sich diese Aspekte wenig verändert haben, aber in der letzten Lebensphase, in der der Tod naht, nehmen sie eine neue Bedeutung an und zwingen zu der Frage: »Hat sich mein Leben gelohnt?«

Für alle Menschen ist es von größter Wichtigkeit, glauben zu können, daß die Welt ein wenig anders aussieht, weil sie gelebt haben. Jede Kreatur trägt in jedem Augenblick ihrer Existenz zu dem Schöpfungsprozeß bei durch seine Reaktion auf alles, was vor sich geht. Je nach dem Maß der Bewußtheit dieser Teilnahme erhöht sich auch der Wert unseres Beitrages.

Das hohe Alter verfügt über geringere geistige und körperliche Kräfte, aber über eine große Summe von Erfahrungen. Der Vorteil des Alters gegenüber der Jugend liegt in den vermehrten Gelegenheiten, diese Erfahrungen zu verstehen und dadurch den Grad der Selbsterkenntnis zu erhöhen, der das Leben wertvoller und den Tod annehmbarer macht. Denn je voller wir unser Leben leben, desto bereiter werden wir sein für den Tod.

Für sehr alte Menschen, deren geistige und körperliche Fähigkeiten geschwächt sind, kann die Bereitschaft zu sterben ein Ausdruck der Erleichterung darüber sein, daß die unausweichliche Verpflichtung zu ständiger Reaktion auf alles, was geschieht, endet. Andererseits hilft es zu einem guten Alter, bis zum Schluß an den großen Fragen unserer Zeit interessiert zu bleiben und etwas außerhalb von sich selbst als das Bedeutendste anzusehen.

Das wurde mir bestätigt, als ich kürzlich einhundertzwanzig

Briefe las, die Menschen zwischen achtzig und hundert Jahren als Antwort auf die Frage geschrieben hatten, an was sie glauben. Außer ihrem Alter hatten die Briefschreiber nichts gemeinsam. Sie gehörten jeder nur denkbaren Religion an oder bezeichneten sich als ungläubig. Aber was ihrem Leben Sinn gab, war von größter Wichtigkeit für sie und formte ihr Leben. Ich war erstaunt darüber, daß es nur in einer einzigen Zuschrift hieß: »Ich bin siebenundachtzig Jahre alt, fast blind, kann mich schlecht konzentrieren und kann deshalb Ihre interessante Anfrage nicht beantworten.« Außer in diesem Brief erwähnte keiner der anderen irgendwelche Altersbeschwerden. Sie waren alle fähig, »über sich selber hinauszugehen«, und zwar für etwas, was sie letztlich und unmittelbar anging.

Menschen, deren ganzes Leben in einem religiösen Glauben verwurzelt war, können daraus im Alter viel Kraft schöpfen: Catherine Booth, die mehr als neunzigjährige Enkelin des Gründers der Heilsarmee, zeigte dies sehr überzeugend, als sie Weihnachten 1979 im Fernsehen über ihr Leben und ihre Familie sprach. Sie hatte keinerlei Zweifel. Ihre Persönlichkeit war von ihrer Religiosität geformt, und ihre innere Sicherheit ermöglichte es ihr, ganz einfach und mit viel Humor zu zeigen, daß sie sich sowohl in dieser Welt zu Hause fühlt wie in ihren Erwartungen auf die kommende.

Aber für viele Menschen ist der Glaube an ein Weiterleben erschreckend. Eine Frau, die ihr ganzes Leben lang ungläubig gewesen war, aber immer ein bißchen unsicher in ihrer Überzeugung und mit leichten Schuldgefühlen, lag im Sterben. Sie erwachte aus einer kurzen Bewußtlosigkeit und sagte strahlend: »Ich war schon auf der anderen Seite, und jetzt, wo ich mit absoluter Sicherheit weiß, daß es kein anderes Leben gibt, kann ich in Frieden sterben.«

Ein Pfarrer hatte seiner Frau das Versprechen abgenommen, daß sie ihn nach seinem Tode nicht mehr anschauen werde, weil er meinte, dies könnte ihren Glauben an die Auferstehung stören. Als er starb, ging seine Witwe entgegen seinem Wunsch dennoch in die Leichenhalle, um sich von ihm zu verabschieden. Hinterher sagte sie mir: »Ich bin so dankbar, daß ich hingegangen bin. Er sah so jung, so schön aus, und ich fühlte mit tiefster Dankbarkeit: Hier liegt der Körper meines Geliebten.«

Mein Mann Fritz sagte an einem seiner letzten Tage, nachdem wir uns einige Abbildungen von griechischen Vasen angesehen hatten, auf denen die Menschen lächelnd voneinander Abschied nahmen: »Ja, die konnten noch lächeln, denn damals war die Sünde noch nicht erfunden.« Aber auch er lächelte, als er bald danach starb. Ich selber wehre mich gegen den Glauben an ein Weiterleben: Wie können wir denn das wissen? Aber ich bin ganz bereit, mich überraschen zu lassen. Leute, die mit großer Sicherheit von ihren spirituellen Erlebnissen reden, sind in Gefahr, derartige offene Erwartungen zu stören. Andererseits fühle ich mich sehr mit der alten Mutter eines Freundes verbunden, die ungeduldig darauf wartet, mit ihrem Mann wieder vereint zu sein. Sie sagt zu ihrem Sohn: »Dein Vater steht bestimmt schon da, sieht auf seine Uhr und sagt: ›Sie war immer unpünktlich, und jetzt kommt sie wieder zu spät!‹«

Das ist mir sehr vertraut, denn ich habe auch oft Gefühle, die aus der Erinnerung an einen geliebten Menschen stammen, Gefühle, die die Zeit der Trennung nicht verringert, sondern eher stärkt. Solche starken Gefühle, die den Toten gegenwärtig machen, haben nichts mit Spiritismus zu tun, sondern mit der Stärke der Verbundenheit während des Lebens. Meine Verpflichtung gehört dieser Welt, und meine Aufgabe ist, zu dem nie endenden Schöpfungsprozeß beizutragen. Doch es bleibt meine ständige Frage, inwieweit ein Glaube an Gott den Schöpfer und an eine andere Welt hilft oder hindert, unseren eigenen Beitrag auf dieser Erde zu leisten.

Teilhard de Chardin sagt, daß die Treue, beständig wahr mit sich selbst zu bleiben und zu dem zu stehen, was man als das Höchste in sich spürt, die eigentliche Lebensaufgabe ist. Und bei C. G. Jung liest man in *Seelenprobleme der Gegenwart*: »Ich bin als Arzt überzeugt, daß es sozusagen hygienischer ist, im Tod ein Ziel zu erblicken, nach dem gestrebt werden sollte, und daß das Sträuben dagegen etwas Ungesundes und Abnormes ist, denn es beraubt die zweite Lebenshälfte ihres Zieles. Ich finde deshalb alle Religionen mit einem überweltlichen Ziel äußerst vernünftig, vom Standpunkt einer seelischen Hygiene aus gesehen. Wenn ich ein Haus bewohne, von dem ich weiß, daß es innerhalb der nächsten vierzehn Tage über meinem Kopf zusammenbricht, so werden alle meine Lebensfunktionen von diesem Gedanken beeinträchtigt sein; wenn ich mich dagegen sicher fühle, so kann ich gemächlich und normal darin leben. Es wäre also vom seelenärztlichen Standpunkt aus gut, wenn wir denken könnten, daß der Tod nur ein Übergang sei, ein Teil eines unbekannten großen und langen Lebensprozesses.«

Ich habe schon darüber gesprochen, wie beglückend es ist, ein wirklich liebendes altes Paar zu treffen, so wie die Franks oder die James. Auch Herr und Frau Silber sind ein solches Paar. Sie haben sich als Studenten getroffen und sind jetzt fünfundsechzig Jahre verheiratet. Er ist zweiundneunzig und sie neunundachtzig Jahre alt. Sie sprechen nie über den nahenden Tod, aber machen den Eindruck, ihn zuversichtlich zu erwarten. Frau Silbers Vater war ein presbyterianischer Missionar, aber sie selbst hatte sich während ihrer Studienzeit vom Glauben jedes religiösen Dogmas getrennt. Herr Silber, der aus einer Bauernfamilie stammt, studierte Theologie und wurde Methodistenpastor in Neuseeland, verließ aber die Kirche, während er dort war. Zusammen widmete sich das junge Paar der Aufgabe, Menschen in Not zu helfen. Als Herr Silber 1920 an die Universität Wien berufen wurde, waren sie so betroffen von der Armut, von den vielen an Unterernährung leidenden Kindern und den Studenten, die vor Hunger nicht studieren konnten, daß sie alle Energien dazu verwandten, das Elend mildern zu helfen. Dies ist in ihrem langen Leben ihre Hauptaufgabe geblieben. Ihre Bindung an das akademische Lehramt wie auch an eine kirchlich organisierte Religion haben sie ihrer Sorge um die Menschen untergeordnet. Diese ist zur Grundlage ihres Lebens geworden. Sie hat alle religiösen und dogmatischen Unterscheidungen ausgelöscht: Sie machen keinen Unterschied mehr zwischen religiösen und säkularen Forderungen. Je stärker Menschen von dem sie stützenden und sie herausfordernden Sinn des Lebens ergriffen sind, desto weniger brauchen sie ein religiöses Etikett. Wenn ich an die Silbers denke, erinnere ich mich an Paul Tillich, der sagte: »Die Grundlage jeder Religion ist, ergriffen zu sein von dem, was uns unbedingt angeht.«

Dirk, der jetzt neunzig Jahre alt ist, hält sich selbst für einen tief religiösen Menschen. Aber sein hohes Alter ist einsam und recht unglücklich. Er lebt allein in einem ungemütlichen kleinen Haus mit einer kleinen Kapelle, in der er täglich ganz allein die Messe liest. Er behauptet, seine Eltern hätten ihn nicht gewollt, und er habe sich nie von ihnen wirklich geliebt gefühlt. Er hätte sich danach gesehnt, zärtlich mit ihnen zu sein, aber nur als sie im Sterben lagen, konnte er ihnen Liebe zeigen. Da er nie das Gefühl hatte, wirklich zu ihnen zu gehören, wollte er so verschieden wie nur möglich von ihnen sein. Er erreichte das dadurch, daß er einen künstlerischen Beruf wählte, der seinen Eltern fremd war, und dadurch, daß er zum katholischen Glauben übertrat, den sie ablehnten, sowie durch seine homosexuellen Beziehungen. Trotzdem blieb er stark an das Haus gebunden, in dem sie lebten, und verbringt sein einsames Alter in dem Pförtnerhaus, das dazugehörte. Dirk war als Künstler und Lehrer in seinem Fach höchst erfolgreich. Er ist ein vielseitig begabter Mensch, attraktiv für und angezogen von vielen Menschen, aber unfähig zu einer dauernden Beziehung. Seine sexuellen, künstlerischen, geistigen und religiösen Leidenschaften führten ihn in alle möglichen Richtungen, aber waren nie wirklich erfüllend. Da er sich ungeliebt fühlte, konnte er sich selbst nicht wirklich lieben, was bedeutete, daß er andere Menschen nicht wirklich zu lieben fähig war. Im hohen Alter war Dirk mehrfach ernsthaft krank und dem Tode nahe. Doch er überlebte jedesmal »wie durch ein Wunder«. Vielleicht hatte er nicht den Mut zu sterben, da er nie den Mut hatte, sein wirkliches Selbst zu sein.

Die englische Analytikerin Rosemary Gordon sagt: »Menschen, die für die Kräfte des Lebens und die Kräfte des Todes offen sind, können denken, lernen und ausprobieren, aber sie können auch ohne zu großen Schmerz und Groll diese Fähigkeiten aufgeben.« Das ist wohl die schwierigste Aufgabe unseres Lebens, und sie ist nur erreichbar, wenn nicht zu viele schmerzhafte Lebenserfahrungen unverarbeitet geblieben sind.

Daß verdrängte Traumata der frühen Kindheit durch Tod und Verlust wieder aufgerührt werden können, zeigt die Lebensgeschichte Michelangelos: Er war der zweite Sohn einer jungen, sehr zarten Mutter, die gegen Ende der Schwangerschaft mit ihm fiel und sich verletzte. Das war wohl der Grund, warum man den Säugling bald nach der Geburt der Tochter eines Steinmetzen zum Nähren gab, die ein paar Meilen außerhalb von Florenz wohnte. Michelangelo blieb bis zu seinem zehnten Lebensjahr in der Familie des Steinmetzen und pflegte später zu sagen, es sei kein Wunder, daß ihm der Meißel soviel Befriedigung gegeben habe, da er die Liebe zur Bildhauerei mit der Muttermilch eingesogen habe. Seine Eltern bekamen in den nächsten fünf Jahren noch drei weitere Söhne, die bei ihnen blieben. Sie besuchten ihn häufig, und man kann sich vorstellen, daß er jedesmal gehofft haben muß, daß ihm erlaubt würde, mit ihnen zu gehen. Zu einem gewissen Zeitpunkt muß er sich auch über die weite gesellschaftliche und materielle Kluft klargeworden sein, die zwischen seinen Pflegeeltern und seiner eigenen Familie bestand. Als Michelangelo sechs Jahre alt war, starb seine Mutter. Sein Vater heiratete wieder, als der Junge zehn Jahre alt war, und erst jetzt kehrte er zu seiner Familie zurück. Trotz seiner großen Begabung und seines außerordentlichen Erfolges zeigte er immer Spuren der frühen Verstoßung. Er wurde leicht zornig, vernachlässigte häufig seine Erscheinung und war in seinen sexuellen Beziehungen sehr unsicher, mehr von Männern als von Frauen angezogen. Die Erinnerung an seine ärmliche Kindheit schien sich auf übertriebene Weise in seinen persönlichen Manieren auszudrücken: So widerstrebte es ihm zum Beispiel, seine Strümpfe zu wechseln, ehe sie buchstäblich von den Füßen abgezogen werden mußten, wobei Hautfetzen mit abgingen. Andererseits schätzte er seine Beziehungen zum päpstlichen Hof und zum hohen Adel und genoß zeitweilig deren Gunst.

1555, als Michelangelo achtzig Jahre alt war, lag Urbino, sein langjähriger treuer Diener, im Sterben. Er hatte Michelangelo seit Jahren gedrängt, die Florenzer Pietà fertigzumachen. Diese Plastik war Michelangelo besonders wichtig: Er wollte sie als sein Grabmal haben. Und eine der vier Figuren, Nikodemus, war ein Selbstporträt. Wenige Tage vor Urbinos Tod zerstörte Michelangelo in einem Wutanfall das Bein des Jesus. Später wurde es von jemand anderem wiederhergestellt, aber Michelangelo war damit nie zufrieden. Bald nach Urbinos Tod begann Michelangelo die Pietà Rondanini, in der die Figuren von Mutter und Sohn so nah zueinander stehen und sich so ähnlich sehen, daß sie im Profil wie eine Person wirken. Diese Pietà wurde von verschiedenen Michelangelo-Biographen als Versuch des Künstlers angesehen, sich mit seiner Mutter zu versöhnen. Er hat das Werk nie vollendet, aber arbeitete an ihm noch wenige Tage vor seinem Tod mit neunundachtzig Jahren. Michelangelos scheinbar irrationales Verhalten bei Urbinos Tod kann wohl als ein Wiederbeleben der Schmerzen und unterdrückten Wut des Kindes betrachtet werden, das sich von seiner Mutter verstoßen fühlte. Sein Versuch einer Versöhnung mit der Mutter in der Pietà Rondanini zeigt, daß der Verlust von Urbino das Gefühl des Verlustes der Mutter wieder aufgerührt hatte.

Obwohl die meisten Menschen in hohem Alter viele Verluste von Freunden, Verwandten und Nachbarn durch Tod erlebt haben, wird es von den inneren und äußeren Umständen ihres Lebens abhängen, inwieweit ihnen dieses Miterleben hilft, den Gedanken an den Tod eines sehr nahen Menschen oder an ihren eigenen Tod zu akzeptieren. Die Hoffnung, etwas zurückzulassen, das sie überlebt, hilft vielen Menschen, und Enkelkinder repräsentieren diese Hoffnung. Schöpferische Menschen mögen ein Gefühl der Unsterblichkeit durch die künstlerische oder literarische Leistung haben, die sie zurücklassen, oder durch das Gefühl, etwas zur Verbesserung der Welt beigetragen zu haben.

Der Glaube an ein Leben nach dem Tod und an eine Wiedervereinigung mit denen, die schon drüben sind, wirkt sich natürlich auf die Einstellungen zu Tod und Verlust aus. Aber die ständig wachsende Anzahl von Organisationen, die den Trauernden ihre Hilfe anbieten und von denen nur wenige etwas mit der Kirche zu tun haben, zeigt das Bedürfnis von immer mehr Hinterbliebenen nach Stütze und Rat im Hier und Jetzt. Die britischen Cruse-Clubs bieten Witwen und Witwern diese Art von Hilfe und breiten sich im Land ständig aus. Inzwischen sind es mehr als siebzig Zweigstellen. Eine wachsende Anzahl von örtlichen Sozialdienststellen richten eigene Projekte ein, um den Trauernden zu helfen. Man hat jedoch festgestellt, daß nur ein sehr geringer Prozentsatz der ganz Alten bei solchen Organisationen Hilfe suchen. Das mag deswegen so sein, weil es für sie schwierig ist, sich um Hilfe zu bemühen. Oder es ist ein Anzeichen dafür, daß Menschen im hohen Alter Verlust als natürlichen Vorgang akzeptieren, den sie ohne Aussicht auf Hilfe aushalten müssen. Ich habe darüber mit einer Reihe von Hausärzten gesprochen, die erstaunt waren, daß nur ganz wenige ihrer ältesten Patienten nach einem Verlust um Hilfe fragen, ganz im Gegensatz zu ihren jüngeren Patienten.

In einem Forschungsprojekt einer britischen Universität wurden die Reaktionen von sehr alten Menschen auf Verlust untersucht. Dabei ergaben sich Hinweise darauf, daß Gefühle von Verlust und Trauer sich bei ihnen sehr deutlich von anderen Altersgruppen unterscheiden. Das charakteristische Gefühl der Trauer scheint weniger intensiv zu sein. Die Studie unterscheidet zwischen gehemmter Trauer, bei der Reaktionen, die unterdrückt scheinen, zu körperlichen und psychischen Symptomen führen können, die unter Umständen Geisteskrankheit und Selbstmord auslösen, und auf der anderen Seite chronische Trauer und angespannte Gefühle, die sich über einen längeren Zeitraum als bei typischer Trauer hinziehen und manchmal Feindseligkeit, Argwohn und Apathie mit sich bringen. Aufgrund dieser eindeutig verschiedenen Reaktionen hat Dr. Colin Parkes von seinen Untersuchungen Witwen über fünfundsechzig Jahren ausgeschlossen. Er unterstreicht damit den allgemeinen Eindruck, daß über die ganz Alten viel zuwenig bekannt ist, und verlangt weitere Studien, die uns helfen sollen, die andersartigen Reaktionen auf Verlust bei ganz alten Menschen besser zu verstehen.

Die Beispiele dieses Kapitels machen deutlich, daß mein

Beitrag von wissenschaftlicher Forschung weit entfernt ist. Sie stammen aus meinen Erfahrungen als Sozialarbeiterin und Psychotherapeutin und aus den Geschichten, die mir Freunde und Kollegen erzählten. Dennoch haben sie höchst eindrucksvoll die kolossalen Schwankungen bestätigt, die wir bei den Reaktionen alter Menschen auf Tod und Verlust beobachten können. Die einzige Ausnahme ist wahrscheinlich der Tod eines erwachsenen Sohnes oder einer erwachsenen Tochter, besonders dann, wenn sie die praktische und moralische Stütze ihrer alten Eltern waren. Ein solcher Verlust wird meist als ein vernichtender Schlag empfunden, von dem sich sehr alte Menschen vielleicht niemals erholen.

Reaktionen auf den Verlust eines Ehepartners hängen weitgehend von der Art der ehelichen Beziehung ab und von dem Milieu, in dem das Ehepaar sich aufhält. Wenn sie noch in der eigenen Wohnung lebten, kann der Überlebende gezwungen sein, diese aufzugeben, und muß dann einen vielfachen Verlust erleiden. Ein solcher Umbruch zu einer Zeit der Trauer kann schwerwiegende Auswirkungen auf die geistige und körperliche Gesundheit haben.

Andererseits kommt es aber auch vor, daß selbst eine sehr alte Witwe, die ihren kränklichen Mann viele Jahre lang gepflegt hat, nach dessen Tod ein neues Leben beginnt. Ich weiß von einer Siebenundachtzigjährigen, die nach dem Tod ihres anspruchsvollen Ehemannes sichtlich jünger wurde. Sie hat jetzt eine Anzahl von »Freunden« (»Ich glaube, die Vielzahl ist sicherer«), und jedesmal, wenn ich sie treffe, spricht sie mit Stolz darüber, wie sehr ihre Nachbarn und ihre Freunde in der Kirche ihre »Tapferkeit« in ihrer Trauer bewundern.

Eine andere Frau, die ich kenne, verlor ihren Mann nach einer fünfundsechzigjährigen sehr glücklichen Ehe. Sie lebt jedoch weiter mit ihm, spricht von »wir« und »unser« und macht alles, was sie beide bewegte, zum Inhalt ihres Lebens. Alles, was sie tut, steht in so enger Beziehung zu ihrem Mann, daß sie seinen Verlust nicht auf die übliche Weise betrauert. Sie ist eine tief religiöse und höchst gebildete Dame und lebt in Erwartung des Todes, ohne sich nach dem Sterben zu sehnen.

Diese Frauen hatten keine Kinder. Eine andere Witwe im gleichen Alter hatte einen Sohn und eine Tochter, beide verheiratet, und mehrere Enkel. Sie war immer kränklich, und niemand hatte sich vorgestellt, daß ihr Mann vor ihr sterben würde, da er fünf Jahre jünger war und immer in Form. Er war in seiner Gemeinde ein sehr angesehener Mitbürger. Er starb zu Hause nach einer kurzen Krankheit, umgeben von seiner Familie, einen bewußten und friedlichen Tod. Es fiel seiner Witwe schwer, die Tatsache seines Todes zu begreifen, aber die liebevolle Fürsorge ihrer Familie und die Teilnahme der Nachbarn und der Gemeinde haben ihr geholfen, sich ein eigenes neues Leben aufzubauen. Sie vermißt zwar ihren Mann sehr, doch gibt sie widerstrebend zu, daß ihr Leben in vieler Weise reicher geworden ist. Selbst ihre Gesundheit hat sich gebessert, obwohl sie nun fast neunzig ist.

Alle diese alten Witwen konnten weiter in ihrer eigenen Wohnung leben, und ihre Gesundheit war nicht ernsthaft beeinträchtigt. Dennoch zeigen ihre unterschiedlichen Reaktionen auf den Verlust ihrer Ehemänner, wie unmöglich es ist, über Trauer im hohen Alter allgemeingültige Aussagen zu machen.

Der Tod des Partners in einer homosexuellen Beziehung kann besonders schmerzlich sein, weil der Überlebende keine Familie hat, die ihm zur Seite steht, die Allgemeinheit ihn nicht als Leidtragenden anerkennt und die Familie des verlorenen Geliebten sich vielleicht feindselig verhält, indem sie Schwierigkeiten bei den Vorbereitungen der Beerdigung und seiner Teilnahme daran macht. Ich habe von der tiefen Enttäuschung eines solchen hinterbliebenen Partners gehört, weil man selbst seine Blumen vom Sarg entfernte. Diese und andere verletzende Vorgänge sind üblich, öfter vielleicht aus Gedankenlosigkeit als aus Groll. Wenn der Geliebte stirbt, ohne ein Testament gemacht zu haben, ist es für seinen Partner schwer, Erbansprüche geltend zu machen, und er kann dann sogar ohne Unterkunft auf der Straße stehen.

Wir wissen wenig darüber, welche Auswirkung der Tod eines Geliebten auf den homosexuellen Überlebenden hat. Ich selbst weiß von zwei Männern, Nachbarn von mir, die ihr ganzes Leben als Erwachsene in einer stillen, unaufdringlichen homosexuellen Beziehung gelebt hatten. Sie waren beide Ende Siebzig, als einer von ihnen erkrankte und vom anderen hingebungsvoll gepflegt wurde. Nach seinem Tod erledigte der Partner sorgfältig alles Notwendige und starb zehn Tage später, offenbar eines natürlichen Todes.

Die Reaktionen der Überlebenden werden von der Art des Sterbens bedingt, und die Einstellung zum Tod wird auch von Erfahrungen an Sterbebetten abhängen. Die, die den Sterbenden umgeben, können zu einem entspannten Tod helfen oder ihn auch verhindern. Dies geschieht oft dadurch, daß sie durch die Angst um ihren eigenen Verlust den Sterbenden belasten. Das Leben einer Ärztin wurde im letzten Stadium eines Krebsleidens durch jedes nur erdenkliche Mittel verlängert. Als ihr Bruder, der auch Arzt ist, aus dem Ausland zu Besuch kam, war er entsetzt darüber, wie viel sie leiden mußte, und sagte: »Warum läßt du das denn geschehen? Das geht doch ganz gegen deine Überzeugung.« Sie antwortete: »Meine Töchter lassen mich nicht sterben!« Die Töchter waren beide ebenfalls Ärztinnen. Aber nachdem der Bruder mit ihnen gesprochen und ihnen geholfen hatte zu sehen, daß sie die Liebe zu ihrer Mutter ihrer ärztlichen Wissenschaft untergeordnet hatten, arrangierten sie sofort die Entlassung ihrer Mutter aus dem Krankenhaus, und nach wenigen Tagen starb sie friedlich und dankbar zu Hause. Die Angst, daß ein solcher Tod im Krankenhaus nicht möglich ist, ist der Grund dafür, daß viele Menschen zu Hause sterben wollen.

Mitarbeiter von Sterbekliniken haben Methoden entwikkelt, die sterbenden Menschen und ihren Angehörigen ein entspanntes Sterben sowohl in der Klinik wie im eigenen Zuhause ermöglichen und jeden Tod zu einem einzigartigen Erlebnis machen. In Großbritannien gibt es inzwischen bereits etwa fünfzig Sterbekliniken, und eine zunehmende Zahl allgemeiner Krankenhäuser versuchen jetzt das gleiche. Eine Krankenschwester aus einem Krankenhaus für alte Menschen, die ich gut kenne, liebt alle ihre Patienten und versteht sie wirklich. Sie erzählte mir ganz beglückt von einem sie tief berührenden

Erlebnis, das sich wenige Tage vorher ereignet hatte: Eine ihrer Patientinnen lag im Sterben und war für eine kurze Periode ohne Bewußtsein. Als sie wieder zu sich kam, bat sie alle Angestellten und alle Patienten, die sie kannte, an ihr Bett zu kommen, um sich zu verabschieden. Sie drückte jedem die Hand, hatte für jeden liebevolle und dankbare Worte und gute Wünsche, und dann schlief sie ein und starb. Alle, Patienten und Angestellte der Abteilung, waren tief bewegt und das Pflegepersonal höchst beeindruckt, welche Erleichterung, ja fast Glück ihre Patienten, von denen viele auch bald sterben würden, darüber ausdrückten, daß Tod eine Gelegenheit zum Feiern sein könne und nicht nur ein Anlaß für Angst und Verheimlichung.

Eine meiner Freundinnen erzählte mir vom Tod ihres Vaters im Krankenhaus: Er hatte nach einem schweren Schlaganfall eine Lungenentzündung bekommen. Der Facharzt nahm sich viel Zeit, der Familie zu erklären, daß man ihn zwar mit Medikamenten behandeln könne, daß aber die Gehirnblutung so stark war, daß die Chance, seine Geisteskräfte zurückzugewinnen, gleich Null sei. Es würde deshalb besser sein, ihn an der Lungenentzündung sterben zu lassen. Obgleich die Mutter meiner Freundin eine ausgebildete Krankenschwester war und immer entschieden eine künstliche Lebensverlängerung abgelehnt hatte, war in dem Moment die Furcht vor dem Verlust ihres Ehemannes so groß, daß sie nur widerstrebend die Auffassung des Arztes akzeptierte. Nachdem der Entschluß, ihn sterben zu lassen, gefaßt war, gab man sich von seiten des Krankenhauses die größte Mühe, ihm seinen Tod so friedlich wie möglich zu machen. Man ermutigte die Familie – und das bedeutete bis zu zehn Personen samt einem Baby –, zu jeder Tages- oder Nachtzeit bei ihm zu sein. Der Sterbende war Pfarrer gewesen und erhielt die Sterbesakramente (und schien das auch wahrzunehmen) durch den Bischof, seinen guten Freund. Meine Freundin war besonders beeindruckt, wie sehr die Schwestern, die ihren Vater doch nur als Patienten gekannt hatten, von seinem Tod bewegt und betroffen waren. Sie gaben ihr das Gefühl, daß für sie jeder Tod ein einzigartiges Ereignis ist.

Trotz dieser Beispiele eines entspannten Sterbens im Krankenhaus wollen immer mehr Patienten lieber zu Hause sterben. Die Mitarbeiter von britischen Sterbekliniken haben daher einen Gemeindedienst eingerichtet, der dem Patienten und seiner Familie volle Unterstützung gibt. Auch eine wachsende Anzahl von Gesundheitsbehörden entsprechen dem Wunsch von Patienten, zu Hause zu sterben, und sehen Hilfsdienste vor, die ihnen das ermöglichen. Obendrein unterstützt die gegenwärtige Finanzkrise im Gesundheitswesen derartige geldeinsparende Einrichtungen.

Ich persönlich bin höchst dankbar, daß die, die mir am liebsten waren, zu Hause gestorben sind. Der Wunsch, so zu sterben, und die Angst, daß das Sterben im Krankenhaus gestört würde, drückt sich in der stark zunehmenden Mitgliederzahl von *Exit*, der freiwilligen britischen Euthanasie-Gesellschaft, aus. Sie vertritt die Überzeugung, daß jeder das Recht hat, mit Würde zu sterben. Der größte Prozentsatz der Mitglieder steht im mittleren Lebensalter. Sie sind häufig beigetreten, nachdem sie das schmerzliche, verzögerte Sterben ihrer Eltern oder nahen Angehörigen miterlebt haben.

Wenn diese Geschichten darauf hinweisen, daß es genauso unmöglich ist, Verallgemeinerungen über die Reaktionen sehr alter Menschen auf Tod und Verlust zu machen wie über die von anderen Altersgruppen, so scheint es doch ziemlich sicher, daß für alte Menschen der Tod – ihr eigener oder der von anderen – leichter annehmbar ist. Ich denke da an meine alte Tante Flora, die fast hundert Jahre alt war, als eine vielgeliebte gemeinsame Freundin von uns, eine schöne, viel jüngere Schauspielerin, durch einen Unfall starb. Ich hatte Angst, wie Flora diese Nachricht aufnehmen würde, aber die Vorsteherin ihres Altersheims versicherte mir, daß so alte Menschen an den Tod gewöhnt sind. Sie hatte recht. Flora nahm die Nachricht gelassen hin, und nach ein paar diesbezüglichen Fragen sprach sie von anderen Dingen. Sie war überhaupt eine ungewöhnliche Person. Sie hatte viele Jahre Konzentrationslager überlebt, in dem sie für blinde Mithäftlinge sorgte, ohne ihre Lebensfreude zu verlieren. Kurz vor ihrem hundertsten Geburtstag wollte ich ihr etwas besonders Gutes antun und lud sie zum

Essen in ihr Lieblingsrestaurant ein, das nahe bei ihrem Altersheim lag. Sie legte immer noch großen Wert auf ihr Aussehen, und für diesen Ausgang war sie festlich gekleidet. Wenige Schritte vor dem Restaurant stolperte Flora und rollte in die Gosse. Erschrockene Passanten blieben stehen und halfen, die sehr in Unordnung geratene Flora aufzuheben, und wollten sie ins Heim zurücktragen. Aber Flora war empört: Sie würde sich doch nicht dieses besondere Mittagessen entgehen lassen. Und nachdem sie sich etwas zurechtgemacht hatte, genoß sie mit sichtlichem Vergnügen ihr Menü mit drei Gängen.

Alle jüngeren Familienmitglieder vergötterten Flora; ihre unstillbare Liebe zum Leben und zu den Menschen war ansteckend. Aber sie erlebte ihren hundertsten Geburtstag nicht. Denn wenige Tage vorher besuchte sie ihr Lieblingsneffe, ein Arzt aus den Vereinigten Staaten, mit einer Fünfpfundschachtel von Cognackirschen. Die waren immer Floras Leidenschaft gewesen, und er fütterte sie damit zu seinem und ihrem großen Vergnügen. In der folgenden Nacht aber ging es Flora schlecht, und sie starb, zum Entsetzen des Heims, das schon so viele Vorbereitungen für den großen Tag gemacht hatte. Aber ich konnte diesen Tod nach einem so beglückenden Erlebnis nicht betrauern. Ich war überzeugt, daß Flora ihn sich genauso gewünscht hätte.

Dieses Buch zu schreiben war für mich eine große Erfahrung. Mit dreiundachtzig Jahren zu versuchen, nicht nur mich selber, sondern auch andere alte Menschen etwas besser zu verstehen, war eine Herausforderung. Vieles von dem, was ich gelernt habe, kam als eine Überraschung, besonders die großen Unterschiede in den Gefühlen über Zweifel und Glauben, Tod und Trauer. Mir wurde klar, wie wenig wir eigentlich wissen über die wichtigsten Fragen alter Menschen. Ihr Gefühlsleben wurde bisher bedauerlicherweise vernachlässigt oder mißverstanden. Dieses sehr persönliche Buch kann keine Antworten geben, aber vielleicht besser qualifizierte Leute zu weiteren Forschungen ermutigen. Ich hoffe, daß das jetzt so aktuelle Interesse am hohen Alter dazu führt, durch besseres Verständnis ihrer Gefühle und Bedürfnisse das Leben alter Menschen erfüllter und glücklicher zu machen.

Ich begann mit einer persönlichen Bemerkung und kann mein Buch nur auf eine ähnlich persönliche Art und Weise beenden: Kürzlich fragte mich ein vierzehnjähriger Verwandter: »Hast du eigentlich Angst vorm Sterben?« – »Soviel ich weiß, nicht«, war meine Antwort. »Ich freue mich beinahe darauf.« Der Junge war verwirrt, und je mehr ich über meine Antwort nachdenke, desto verwirrter werde auch ich. Kann es wirklich sein, daß ich mich auf den Tod freue? Ich lebe noch sehr voll und sehr gern, obwohl ich meine verminderten Kräfte vorsichtig rationieren muß. Wenn ich an den Tod denke, ist das mit dem Wunsch verbunden, bis zum Schluß lebendig und bewußt zu bleiben, selbst wenn physische Schwierigkeiten dies erschweren sollten. Dem Tod bewußt entgegenzusehen macht das Leben wertvoller und das Fragen über seinen Sinn dringender.

C. G. Jung schrieb, als er sechsundachtzig Jahre alt war: »Trotz aller Unsicherheit fühle ich eine Solidität des Bestehenden und eine Kontinuität meines Seins. Die Welt, in die wir hineingeboren werden, ist roh und grausam und zugleich von göttlicher Schönheit. Es ist Temperamentssache zu glauben, was überwiegt: die Sinnlosigkeit oder der Sinn . . . Wahrscheinlich ist, wie bei allen metaphysischen Fragen, beides wahr: Das Leben ist Sinn und Unsinn, oder es hat Sinn und Unsinn. Ich habe die ängstliche Hoffnung, der Sinn werde überwiegen und die Schlacht gewinnen.«

LEBEN
BIS ZUM TOD

Ein Nachwort – Bearbeitet von Bernd H. Stappert

Die Arbeiten zu diesem Buch hat Lily Pincus im Herbst 1980 abgeschlossen. Sein Thema hatten wir schon früher mehrmals bei Aufnahmen für den Rundfunk behandelt. Als wir uns im Frühsommer 1981 in England trafen, um die Kapitel dieses Buches zu Rundfunkvorträgen zu verarbeiten, war sie schwächer als sonst und berichtete von den Untersuchungen der Ärzte. Als Lily Pincus schließlich erfuhr, daß ihre Vermutungen, ernstlich krank zu sein, richtig waren, wollte sie gern ihre Erfahrungen mit sich und ihrer Umgebung in dieser letzten Lebensphase festhalten. Im August schrieb sie für ihren englischen Verleger einen Text, der eventuell als Nachwort dem Buch beigefügt werden sollte. Als Ende September ihre Schwächezustände größer wurden, bat sie mich, so bald wie möglich zu Besuch zu kommen, um eine veränderte Fassung dieses Textes als Gespräch aufzunehmen. Sie wollte das ihrer Meinung nach etwas zu optimistische Dokument mehr ins Gleichgewicht bringen. Unsere Tonbandaufnahme begann mit folgender Frage:

Lily Pincus, seit wann wissen Sie eigentlich, daß Sie sehr krank sind?

Also genau eigentlich erst seit dem Frühjahr 1981, als mir mein sehr fürsorglicher und mir sehr zugetaner Hausarzt mitteilte, daß die Blutuntersuchungen, die man in den letzten paar Monaten gemachte hatte, ergaben, daß ich an einer Altersleukämie leide. Es war ganz offensichtlich, wie schwer es ihm fiel, mir dies mitzuteilen. Aber meine sofortige Reaktion war eigentlich ein Gefühl der Erleichterung, der Entspannung. Ich hatte es irgendwie gespürt, daß etwas mit mir nicht in Ordnung ist. Denn trotz meiner 83 Jahre hatte ich bis vor ein paar Monaten noch ziemlich aktiv gearbeitet, hatte therapeutische Beziehungen, habe unterrichtet, und ich war damit beschäftigt, ein Buch zu schreiben, eins von mehreren, an denen seit meiner Pensionierung gearbeitet habe. Aber dann ganz plötzlich fing ich an, immer müde zu sein. Alles strengte mich zu sehr an, und außerdem schien ich jede Infektion aufzufangen, die überhaupt nur nah und fern aufzufangen war. Und wenn ich so eine Infektion hatte, entwickelte

157

ich sehr viel höheres Fieber, als für mich üblich war. All das machte mir das Leben unbehaglich. Ich fragte mich immerzu: Ja, was ist eigentlich mit mir los? Daher meine ungeheure Erleichterung, als ich das medizinische Verdikt hörte.

Das ist ja kein ganz übliches Verhalten, daß man sich erleichtert fühlt, wenn man von einem Arzt hört, daß man nun doch eigentlich auf den Tod krank ist.

Ja, aber ich war immer schon davon überzeugt, daß es nicht entscheidend ist, wie lange man lebt. Das einzig wirklich Wichtige ist, daß man lebendig bleibt, solange man da ist, lebendig und interessiert und dem zugewandt, was um einen herum vorgeht und in einem selber, und zwar dem Guten und dem Schlechten, dem Positiven und dem Negativen.

Ihr Leben war ja nicht ganz einfach, Lily Pincus, Sie haben vieles erlebt, was manche Menschen sehr aus der Bahn geworfen hätte.

Ja, wirklich. Wie Sie ja wissen, war ich in der Mitte meines Lebens gezwungen, mein Zuhause und meine Freunde, meine Wurzeln in Deutschland aufzugeben – und das war ja nicht nur einfach eine Abreise, es war eine wirkliche Ausstoßung – und in ein Land zu gehen, von dem ich keine Ahnung hatte, dessen Sprache zu sprechen ich kaum in der Lage war. Aber auch sonst erlebte ich viele schmerzhafte Verluste. Trotzdem habe ich das Gefühl, als hätte ich immer die Gabe gehabt, in allen Schwierigkeiten des Lebens die positiven Aspekte zu spüren und zu verwerten. Nach meiner Ankunft in England mußte ich nicht nur zum ersten Mal wirklich meinen Lebensunterhalt verdienen, sondern auch wirklich einen Beruf finden. Und durch einen bloßen Zufall, wenn man das überhaupt Zufall nennen kann, wurde mir eine Tätigkeit im Bereich der Sozialarbeit angeboten, in dem ich seitdem immer gearbeitet habe. Und das hat sich als meine wirkliche Berufung herausgestellt. Diese Arbeit mit Menschen, die mich brauchten, machte es mir auch möglich, das einzig wirklich tragische Erlebnis meines Lebens, nämlich meine Kinderlosigkeit, positiv zu verarbeiten. Überhaupt haben meine persönlichen menschlichen Beziehungen mir eine Fülle von Glück und Zufriedenheit geschenkt. Das Allerwichtigste in meinem Leben war, daß ich noch in Deutschland den idealen Lebenspartner gefunden hatte, mit dem ich Schweres und Leichtes in dreiundvierzig Jahren eines sehr vollen Lebens teilen konnte. Während der letzten elf Jahre litt Fritz an Krebs, was zahllose Operationen notwendig machte. Aber immer war er in der Lage, nicht nur sein, sondern auch mein Leben bis zu dem Moment seines völlig bewußten Todes zu bereichern, ein Tod, der ein wirklicher Triumph war. Hätte ich je den Tod gefürchtet, dann hätte das Erlebnis seines Sterbens mir diese Furcht genommen. Aber ich glaube, daß ich selbst vorher nie wirklich Angst vor dem Tode hatte. Ich weiß eigentlich nicht, warum. Es ist eines der größten Rätsel meines Lebens, wie es dazu kam, daß ich mich trotz meines in vieler Weise furchtbar oberflächlichen Lebens immer wieder an einem Totenbett eines Freundes oder nahen Menschen fand. Und jedes Mal, bei jeder dieser Gelegenheiten, erfuhr ich den Tod als eine Erfüllung, keine Bedrohung, als das natürliche Ende eines Lebensprozesses, der mit der Geburt begonnen hatte. Ich habe versucht, in meinen Büchern »Bis daß der Tod euch scheidet« und »Hohes Alter« über diese Erfahrungen ein wenig zu schreiben.

War Ihnen, als Ihr Arzt Ihnen mitteilte, daß Sie eine Leukämie hatten, gleich klar, daß dies eine todbringende Krankheit sein würde?

Mir wäre das vielleicht nicht so klar gewesen, denn ich bin medizinisch sehr ungebildet, wenn seine Stimme und seine ganze Haltung es mir nicht klargemacht hätten. Ich selber hatte nur eine sehr vage Vorstellung, was eine Altersleukämie eigentlich bedeutet. So langsam erfuhr ich, daß es ein Sammelbegriff ist für eine Krankheitsgruppe mit verschiedensten Ursachen und unterschiedlichen Symptomen, die aber alle schließlich zum Tode führen, möglicherweise in kurzer Zeit, aber in meinem Lebensalter auch von einiger Dauer sein können. Sowohl mein Hausarzt wie der Spezialist, an den ich verwiesen wurde, schlugen vor, Knochenmarksuntersuchungen zu machen, um ein etwas klareres Bild von meiner Krankheit zu gewinnen. Sie versicherten mir, daß solche Untersuchungen ganz harmlos sind. Aber ich hatte immerhin schon von einigen Leuten gehört, die sie als sehr schmerzhaft empfunden hatten und auf jeden Fall als sehr unangenehm. Außerdem wußte ich oder erkundigte mich und erfuhr, daß, wenn man sich einmal auf solche Tests einläßt, man an eine Reihe von Krankenhausterminen gebunden wird, und ich hatte nicht die geringste Absicht, mein nun viel wertvolleres Leben wartend in Krankenhausabteilungen zu verbringen. Außerdem ist der Zweck dieser Untersuchungen rein diagnostisch. Und ich hatte gehört, daß die Behandlungen, die daraufhin vorgeschlagen werden, zum Beispiel eine Reihe von Blutübertragungen oder Bestrahlung, bestenfalls das Leben für eine kurze Zeit verlängern, aber die Krankheit nie heilen können und außerdem möglicherweise eine ständige Beschäftigung mit ihr herbeiführen. Ich machte es deshalb ganz deutlich, daß ich keine dieser Behandlungen wollte und auch nicht an einer genaueren Diagnose interessiert war, obwohl ich die Bedeutung einer solchen für die Mediziner verstehe. Ich erinnerte mich an eine Geschichte, die mir eine Freundin, ein Physiotherapeutin, vor einiger Zeit erzählt hatte. Ein junger, eifriger Assistenzarzt hatte sie gebeten, einen seiner Patienten zu behandeln. Als sie zu dessen Bett kam, fand sie ihn in einem Koma. Da sie wußte, daß die Runde des Stationsarztes jede Minute fällig sei, entschied sie sich zu warten. Und als der Stationsarzt kam, war er sehr erstaunt und fragte sie: »Was tun Sie denn hier, um Himmels willen?« Sie antwortete: »Nichts, denn ich denke, dieser Patient ist jenseits aller Behandlung.« Der ängstliche und übereifrige Assistenzarzt unterbrach sie: »Aber wir haben doch keine Diagnose.« Sein erfahrener Vorgesetzter aber sagte: »Ich glaube, unser Herrgott wird ihn auch ohne eine solche annehmen.«

Die Ärzte, Lily Pincus, sind natürlich sehr interessiert an einer Diagnose. Aber reagieren Ärzte nicht auch auf die Art, wie ein Patient ihnen begegnet, ob er ihnen selbstbewußt begegnet und sie nicht auf ein Piedestal setzt?

Also das war eigentlich die einzige Sache, die immer wieder gekommen ist und auch mit einer gewissen Berechtigung: Ein Hämatologe, der sogar spezialisiert ist auf Leukämie, hat sich lange mit mir unterhalten und dann gesagt: »In gewisser Weise bin ich traurig, daß Sie diagnostische Untersuchungen abgelehnt haben. Denn es ist ja nicht ganz unmöglich, daß es eine falsche Diagnose ist und daß Sie etwas haben, was man doch behandeln könnte.« Ich meine jetzt, im Verlauf der Zeit würde er dieses auch nicht mehr wiederholen; aber am Anfang war es wohl berechtigt. Und so hat also auch wirklich jeder medizinisch erfahrene Mensch, dem ich begegnete, gesagt: »Warum in aller Welt lassen Sie nicht wenigstens eine Knochenmarksuntersuchung machen?« Doch ich wußte inzwischen, daß die immer unangenehm ist, immer. Ich scheue mich nicht so sehr vor Unannehmlichkeiten, aber in unnötigen, die womöglich wirklich sehr arg werden können, sehe ich keinen Sinn. Und die Leute, die sich solchen Untersuchungen unterziehen, treffen sich Woche für Woche, immer alle in denselben Warteräumen, und sehen immer schlimmer aus, haben alle keine Haare mehr, und es ist qualvoll. Also wozu? Besonders weil mir selbst an einer Verlängerung des Lebens nichts liegen würde.

Aber daß Ihre Ärzte bereit waren, diese Entscheidung anzunehmen . . .?

Was sollten sie denn machen?

Liegt das nicht daran, daß Sie mit einer ganz großen Klarheit ihnen gegenübergetreten sind?

Ja, ich habe ihnen gar keine Wahl gelassen. Und der Spezialist hat es überhaupt nur einmal verlangt, und dann ist er weggegangen, um mit dem Hämatologen zu sprechen. Er kam dann mit ihm wieder und sagte im Beisein der Medizinstudenten: »Wie ich Ihnen schon sagte, hat Frau Pincus sich gegen jede Behandlung ausgesprochen, so daß wir auch keine Knochenmarksuntersuchung machen sollten.« Ich meine, es ist ja sehr eindrucksvoll, daß man so was kann. Dann war überhaupt nicht mehr davon die Rede. Ich meine, man kann sehr weitgehend seine eigene Behandlung in die Hand nehmen, wenn man sich sicher genug fühlt.

Und ich glaube auch, dann geht das Gefühl auf den Arzt über, daß er als ein Mensch angesprochen ist, der helfen kann, der einem auch ein Bewußtsein vermitteln kann, fast wie früher die Medizinmänner es getan haben.

Ja, das mag wohl sein. Nur dürfen wir nicht vergessen, daß die beiden Hauptärzte, mit denen ich zu tun habe, mich kennen. Mein Hausarzt kennt mich seit Jahren und schätzt mich und ich ihn auch, und der Spezialist hat sich enorm für meine Arbeiten interessiert. Er hat mich schon früher zu Hause besucht, um meine Bücher mit mir zu besprechen. Das ist natürlich eine ganz andere Beziehung, als wenn ein wildfremder Mensch in eine Krankenhausabteilung kommt mit so einer Situation. Aber es ist wohl etwas dran, daß, obwohl ich viel Respekt habe vor medizinischer Kenntnis, ich immer das Gefühl habe, letzten Endes wisse der Patient selbst am besten Bescheid – außer vielleicht wenn eine Operation nötig ist, aber selbst dann kann man Fragen stellen.

Man sollte hoffen, daß der Mediziner in der Lage ist, Fragen zu beantworten.

Ja, oder darauf zu reagieren. Ich weiß nicht, ob das hierher gehört, aber ich habe großes Glück gehabt: Ich bin immer kräftiger geworden in meinem langen Leben. Als junge Frau war ich sehr zart, und vor drei Jahren mußte ich das allererste Mal, ganz unerwartet, ohne jede Warnung, eine Bruchoperation haben. Nach der ersten Untersuchung, in der ich erwähnt hatte, daß ich früher häufig mal Gallenschmerzen hatte, sagten die Ärzte mehr oder weniger: »Na, da machen wir gleich 'ne Gallenblasenoperation.« Aber obwohl ich halb bewußtlos war, sagte ich: »Halt, halt, dazu würde ich nicht meine Genehmigung geben.« Da war also allergrößtes Erstaunen. Das Nette war, als dann diese Bruchoperation sehr einfach und erfolgreich schnell vorbei war, wurde mir immer wieder diese Geschichte von der Verweigerung der Gallenblasenoperation erzählt, und die Ärzte sagten: »Na ja, also ich meine, wir hätten sie ja natürlich nicht gemacht, wenn sie nicht unbedingt nötig gewesen wäre.« Aber trotzdem haben sie sich sehr bei mir bedankt, daß ich so hilfreich war. Damals war ich 80 Jahre alt, und es war mir schon damals klar, daß man in diesem Alter Operationen nicht mehr macht, wenn sie nicht unbedingt nötig sind, ganz abgesehen davon, daß ich immer gegen Operationen bin. Ich bin homöopathisch erzogen.

Was meinen Sie, was bei den Ärzten passierte, wenn Sie diese Klarheit Ihrer eigenen Entscheidung zeigten?

Es ist schwer zu sagen. Ich bin nun doch – wie gesagt – eine alte Frau, eine ganz bekannte alte Frau. Viele der Ärzte haben meine Bücher gelesen oder wissen irgend etwas von mir, so daß sie solche Einwände vielleicht etwas ernster nehmen, als sie sie sonst nehmen mögen. Aber ich habe doch auch das Gefühl, daß, obwohl Ärzte immer so auf dem hohen Stuhl sitzen und ihre Patienten sehr weitgehend nur als Objekte behandeln, die eben tun müssen, was man ihnen sagt, daß es für sie auch eine gewisse Erleichterung ist und daß die menschliche Beziehung, die sich in jedem dieser Fälle entwickelt hat, ihnen doch auch sehr wichtig ist. Nun haben mich ja alle menschlichen Beziehungen besonders interessiert, und ich habe auch teilgenommen an verschiedenen Kongressen und Diskussionen über die besondere Beziehung zwischen Ärzten und ihren Patienten, und vielleicht kommt das Gefühl, daß ich da ein bißchen was erfahren habe, auch durch.

Und wird hoffentlich auch etwas Fuß fassen, damit mehr Patienten den Mut haben und auch die Berechtigung, sich selbst einzubringen.

Ich hoffe das von Herzen. Ich weiß nicht, inwieweit man nicht nur den Ärzten, sondern vor allem auch den Patienten ein bißchen helfen kann, mehr Selbstvertrauen zu haben zu ihrem eigenen Gefühl und sich nicht nur völlig auszuschalten, wenn sie zu einem Arzt gehen.

Und sich auch völlig auszuliefern.

Ja, sich auszuliefern. Denn wenn ich gelegentlich ein bißchen von meinen eigenen Erfahrungen erzähle wie zum Beispiel jetzt Ihnen, dann sehe ich immer wieder das größte

Erstaunen in den Gesichtern der Menschen, zu denen ich rede. Was, so was kann man machen?

Und die Götter in Weiß, wie man sie in Deutschland häufig nennt, sind vielleicht ganz froh, von den Patienten zu erfahren, daß auch sie Menschen sind.

Das muß wohl so sein. Denn das muß doch furchtbar schwer sein, sich so allmächtig zu fühlen und doch genau zu wissen, daß man nicht immer allmächtig ist. Also wenn man ein bißchen mehr den Patienten fragen kann, nicht wahr, statt ihm nur etwas zu sagen, das müßte doch eigentlich auch für die Ärzte eine große Erleichterung sein.

Sie hatten doch dann auch eine sehr konkrete Erfahrung, wie junge Menschen, die sich für den Arztberuf vorbereiten, mit einer solchen Situation eines Patienten, der nicht behandelt werden will, umgehen.

Ja. Aber dazu möchte ich zuerst noch ein bißchen etwas anderes sagen und dann vielleicht dahin kommen. Denn ich bin mir ganz klar darüber, saß ich während meiner ganzen Krankheit und eigentlich während meines ganzen Lebens immer das Glück hatte, Ärzten zu begegnen, die bereit waren, offen mit mir meine Krankheit zu besprechen, und die nicht versuchten, mir etwas einzureden, was ich nicht wollte. Und es ist diese Haltung, dieses Erlebnis eigentlich, das es mir ermöglicht hat, mit den Ärzten auch ganz offen über Tod und Sterben zu sprechen und darüber, daß ich nicht den Wunsch habe, über den Zeitpunkt hinaus zu leben, bis zu dem ich wirklich lebendig bleiben kann. Ich bin allen diesen Ärzten unendlich dankbar für ihr Verständnis und ihr Vertrauen. Wie weit das reicht, wurde mir besonders klar bei meinem allerletzten Besuch in meinem hiesigen Krankenhaus, das ein Ausbildungskrankenhaus ist. Als ich in das Sprechzimmer hereingerufen wurde, waren da etwa zehn Studenten und Studentinnen versammelt, alle im dritten Jahr ihrer medizinischen Ausbildung.

Der Arzt, der mich sehr gut kennt, eröffnete die Sitzung damit, daß er sagte, er möchte gerne mit ihnen zunächst über

Diagnose und Behandlung von Leukämie sprechen. Ob mir das recht wäre. Es war mir sehr recht, denn es war auch für mich interessant. Und kurz nachdem der Arzt mit seinen Ausführungen fertig war und die Studenten lebhaft darauf reagiert hatten, sagte er, er würde nun gerne all dies mit einem Hämatologen besprechen und mich mit den Studenten alleine lassen. In der Tür drehte er sich noch einmal um und sagte: »Während ich weg bin, erzählen Sie denen vielleicht ein bißchen von Ihrer Lebensgeschichte.« Na, das war etwas ungewöhnlich, aber es interessierte mich außerordentlich, mit diesen jungen Menschen zu besprechen, was sie eigentlich fühlen, wenn sie einem alten Patienten gegenübersitzen und ganz genau wissen, sie können ihm nicht helfen. Sie waren erst ein bißchen verlegen, als ich diese Frage stellte. Aber nach einigem Stottern und Stammeln fing es an, sie zu interessieren. Und ich konnte ihnen zeigen, ich hoffe wenigstens, daß, wenn sie eine solche Situation nur als Versagen empfinden, ihr Gefühl sich auch auf den Patienten überträgt. Aber wenn es ihnen gelingt, zu fühlen, daß es ja möglich ist, den herannahenden Tod als eine positive Leistung zu empfinden, dann können sie – mit etwas Glück – auch ihren Patienten helfen und sich selbst, diese enorme Leistung zu erfahren, nämlich den Tod entspannt und annehmend zu erleben. Das kann vielleicht die größte Leistung des Lebens ihres Patienten werden.

Ich könnte mir denken, daß es für diese jungen Mediziner auch wichtig war, daß hier ein Mensch, der selbst diesem Tod sich jetzt nähert, in dieser Weise mit ihnen über seinen Tod zu sprechen vermag.

Das hoffe ich sehr. Und ganz kurz nach diesem Hospital-Besuch rief mich der Spezialist mal an, und ich fragte: »Haben Sie eigentlich etwas von Ihren Studenten gehört? Wie haben denn die unsere Unterhaltung aufgenommen?« Und er sagte: »Das war denen enorm wichtig, und sie sind Ihnen unendlich dankbar.« Ich sagte: »Ich bin auch ihnen sehr dankbar, daß sie mir diese Gelegenheit gegeben haben.« Aber er fügte schnell hinzu: »Sie sind sich doch hoffentlich darüber klar, daß wir Sie mehr wie eine Kollegin behandeln als wie einen Patienten. Mir würde es ja nicht im Traum einfallen, einen andern meiner alten schwerkranken Patienten in diese Situation zu versetzen. Die würden das auch auf keinen Fall wollen.« Ich sagte: »Woher wissen Sie das eigentlich so genau? Haben Sie schon mal jemanden gefragt? Ich bin fest überzeugt, daß viele, viele alte Menschen sehr dankbar dafür wären, die Gelegenheit zu haben, ein bißchen Einfluß auf ihre Behandlung und auf die Beziehung zu den sie Behandelnden zu haben.«

Um damit auch die Situation der letzten Lebensphase eigentlich angenehmer zu machen, nicht mit dem Ziel einer völligen Besserung, sondern einer lebenswerten Zeit bis zum Tode?

Ja, vor allen Dingen sich nicht so hilflos während dieser Zeit zu fühlen. Dann tragen sie etwas dazu bei, und das heißt auch, sie werden sich vielleicht dem Tod gegenüber nicht ganz so hilflos fühlen.

Vor kurzem erlebte ich ein Beispiel, welche Qual es verursacht, wenn man ohne jedes Empfinden auf die Bedürfnisse eines alten Patienten reagiert. Einer meiner Freunde, der seit fünfzehn Jahren durch eine Beinamputation behindert war, wurde nach einem Unfall zur Behandlung in sein Ortskrankenhaus eingeliefert. Während der ersten zwei Wochen ging es ihm äußerst schlecht, und während dieser Zeit wurden alle Medikamente, die er sonst einnahm, abgesetzt, einschließlich seiner Schlaftabletten. Er schien sich jedoch so rechtzeitig zu erholen, daß seine Familie und seine Freunde an eine Feier seines bevorstehenden achtzigsten Geburtstags denken konnten. Am Tag davor schien er sich über den Besuch einiger naher Freunde sehr zu freuen. Seine Kinder und Enkel wollten am nächsten Tag zur richtigen Feier kommen; seine Frau hatte einen Geburtstagskuchen gebacken und sich auch sonst um die Vorbereitungen gekümmert. Aber als sie dann ins Krankenhaus kam, war sie zutiefst betroffen und bekümmert, ihren Mann in tiefem Schlaf vorzufinden; zuerst dachte sie, er liege in einem Koma. Was sich dann aber herausstellte, war, daß er am Vorabend etwas lebhaft gewesen war und man ihm deshalb wieder seine Schlaftabletten gegeben hatte. Nachdem sie so lange abgesetzt worden waren, führte das dazu, daß er für vierundzwanzig Stunden schlief. Die Ängste seiner Frau und seiner Familie hätten so leicht vermieden werden können, das erfreuliche Ereignis, das für meinen Freund vorbereitet worden war, wäre ihm nicht entgangen, wenn sich nur jemand die Mühe gemacht hätte, den Grund seiner Aufregung herauszufinden, und von dem besonderen Ereignis Notiz genommen hätte. Nur ein klein wenig Vorstellungsvermögen wäre nötig gewesen, um ein oder zwei diesbezügliche Fragen zu stellen.

Dieser Freund war immer, aber besonders seit seinem ersten Unfall und der Beinamputation, ganz ungewöhnlich stark an seine Frau gebunden. In späteren Jahren, in denen er oft lebensgefährlich krank war, kämpfte er immer verzweifelt darum, am Leben zu bleiben. Oft sagte er: »Ich darf nicht sterben, ich habe Eva versprochen, sie zu überleben.« Alle Versuche, ihm klarzumachen, wie sinnlos dieses Versprechen in seinem besonderen Fall war, ließen ihn völlig unbeeindruckt. Ein paar Wochen nach seinem Geburtstag – er war noch immer im Krankenhaus – erkrankte er an einer Lungenentzündung. Er war fast vier Wochen bewußtlos, aber bei einer Gelegenheit, als seine Tochter bei ihm saß, machte er plötzlich die Augen auf und sagte: »Weißt du, hier stellt man Särge für zwei her.« Offensichtlich war sein Wunsch, mit seiner Frau zugleich zu sterben, selbst in der tiefen Bewußtlosigkeit für ihn gegenwärtig. Während der folgenden Wochen besuchte ihn seine Frau regelmäßig und blieb während der gesamten Besuchszeit an seinem Bett, obwohl er die ganze Zeit über bewußtlos war und keinerlei Zeichen des Erkennens gab. Eines Tages fühlte sie dann plötzlich einen starken Drang, außerhalb der Besuchszeit ins Krankenhaus zu gehen. Als sie zu ihrem Mann kam, lag er entspannt, tief schlafend. Ohne sich zu überlegen, was sie tat, legte sie sich neben ihn aufs Bett und ihren Kopf neben seinen auf das Kopfkissen und hatte das deutliche Gefühl, daß er sich ihrer Nähe bewußt war und sogar versuchte, mit seiner schwachen Hand ihre zu erreichen. Sie blieben zusammen für eine halbe Stunde liegen, dann schlief er ein, ohne einen Seufzer, ohne den geringsten Kampf. Er war tot. Es war, als ob er gefühlt hätte, daß sein Wunsch, mit ihr zusammen zu sein, erfüllt worden war.

Bis zu dieser Geschichte des Freundes, dessen Einäscherung

*an diesem Nachmittag unserer Tonbandaufzeichnung stattfand,
kamen wir am 20. Oktober 1981. Lily Pincus war tief befriedigt,
daß sie in ihrem geschwächten Zustand noch arbeiten konnte.
Am nächsten Tag sollte die Aufnahme weitergehen. Aber das
Sterben rückte immer näher, und wir waren ohne viele Worte
zusammen. Am kommenden Morgen, dem 22. Oktober, starb
Lily Pincus bei Tagesanbruch. Ihrem Wunsch entsprechend
folgen im Anschluß die Teile ihres Textes vom August 1981, die
sie bestehen lassen wollte, ergänzt durch einige Gedanken und
Beobachtungen, die sie bei unseren Vorgesprächen als Ergän-
zungen und Veränderungen festgelegt hatte:*

Wie kann einem alten Menschen am Ende seines Lebens
geholfen werden, auf seinen Tod in positiver und annehmender
Weise zuzugehen, wenn man ihn ständig im Dunkeln hält?
Sicherlich, auch Ärzte unterliegen den gleichen Ängsten über
ihren eigenen Tod, so wie jeder andere Mensch, vielleicht
wegen der besonderen Beschaffenheit ihres Berufes noch um
so mehr. Dies mag es ihnen erschweren, die zum Selbstschutz
aufgebaute Mauer des Schweigens zu durchbrechen, und sie
mögen angesichts des unvermeidlichen Todes eines Patienten
oft von dem überwältigenden Gefühl des Scheiterns geplagt
sein, da sie nicht in der Lage sind, diesen Tod zu verhindern. Es
ist daher wesentlich, daß alle die, die in medizinischen Berufen
mit alten Menschen arbeiten, aufnahmebereit und empfindlich
gegenüber deren Wunsch bleiben, über Krankheit, Schmerz
und Tod zu sprechen, auch wenn es für sie persönlich sehr
schwer sein mag, das zu tun: Denn nur so können sie diesen
Menschen die Hilfe anbieten, die sie bei ihnen suchen.

Im Frühstadium meiner eigenen Krankheit fragte ich eine
in Geriatrie spezialisierte Gesundheitsberaterin, ob sie wisse,
was eine Altersleukämie mit sich bringe, die man bei mir
festgestellt habe. Sie schrie mich an: »Wer sagt Ihnen denn so
was? Das kann doch gar nicht wahr sein. Ich muß Sie doch nur
ansehen und weiß sofort, daß das nicht stimmt.« Und mit dem
letzten Wort stürzte sie aus dem Zimmer, um eine Kollegin zu
holen, damit die mit mir spreche. Seitdem konnte ich diese
zweite Frau viel besser kennenlernen, und sie erzählte mir, daß
es für sie nahezu unmöglich ist, Tod oder eine todbringende

Krankheit gegenüber irgendeinem ihrer Patienten zu erwähnen. Und interessanterweise sagte sie mir dann auch, wie unannehmbar der Gedanke an den Tod für ihre alte Mutter ist. Nach unserem Gespräch begann sie zu spüren, daß, wenn der Gedanke für sie annehmbarer würde, sie auch fähig wäre, ihrer alten Mutter und ihren Patienten dabei zu helfen, mit dem Tod ins reine zu kommen.

Da ich Knochenmarksuntersuchungen abgelehnt habe, ist es um vieles schwieriger, den möglichen Verlauf meiner Krankheit zu bestimmen und eine Vorstellung ihrer möglichen Dauer zu erhalten. Die ersten vier Monate nach den Blutuntersuchungen, die eine Art von Leukämie anzeigten, hatte ich keine anderen Symptome zu beklagen außer erhöhter Müdigkeit und daß ich jede Infektion aufschnappte. Vorbeugende Arzneimittel und das Sommerwetter bewirkten, daß die Infektionen sich in Grenzen hielten. Andererseits hatte ich offensichtlich eine »Krankheit« und fühlte mich berechtigt, alle Anforderungen abzulehnen, von denen ich meinte, daß ich sie nicht annehmen sollte. Kurz gesagt, ich hatte die Absicht, mich am Leben zu freuen. Für den Herbst hatte ich eine dreiwöchige Reise in ein Schweizer Kurhaus geplant, das ich schon lange kenne und das für sein gutes Klima während dieser Zeit berühmt ist. Eine liebe Freundin wollte mich begleiten, und mehrere andere Freunde aus Deutschland und der Schweiz hatten sich auf ein Zusammentreffen dort eingerichtet. Es war ein äußerst erfreulicher Plan, den ich mit großer Erwartung verwirklichen wollte. Ich hatte bereits die Flugkarten und machte mich an all die anderen notwendigen Vorbereitungen.

Zwei Wochen vor meiner geplanten Abreise nahmen die Zeiträume großer Müdigkeit an Intensität zu. Sie entwickelten sich mehr und mehr zu einer Art Ohnmacht, bei der ich jedoch nie das Bewußtsein verlor. Dies machte mir deutlich, daß es nicht länger ratsam sein könnte, in die Schweiz zu fahren. Meine Reisebegleiterin bot mir an, mit mir in meiner Londoner Wohnung zu bleiben. Erst sah ich dies als einen angemessenen Ersatz für die verpaßten Ferientage an. Aber bereits innerhalb weniger Tage wurde deutlich, daß es überhaupt nicht ratsam war, weiterhin völlig alleine zu leben. Besonders mein Hausarzt versuchte mich davon zu überzeugen. Da meine schwierig-ste Tageszeit jetzt früh am Morgen ist, sorgte er dafür, daß dann eine Krankenschwester ins Haus kommt, die mir beim Aufstehen hilft und mir mein Frühstück macht.

Lily Pincus war sehr darauf bedacht, diese professionelle Hilfe auf ein Mindestmaß einzuschränken, aber auch sich selbst nicht der Krankheit zu überlassen. Auch wenn es ihr – vor allem in den letzten Lebenstagen – unendlich schwer fiel, aus ihrem Bett aufzustehen oder zu gehen, bestand sie am späteren Vormit-tag darauf, aus ihrem Schlafzimmer in einen bequemen Sessel im Wohnraum überzuwechseln. Es war ihr äußerst wichtig, bis zum Schluß voll Person zu sein und nicht in die Rolle der Patientin gedrängt zu werden. Die Nähe ihrer Freundin Grace Harding, die ab Anfang September bei ihr wohnte, erleichterte ihr das sehr, vor allem durch die so offensichtlich ausgesprochene Übereinkunft von praktischer Hilfe nur dort, wo Lily Pincus selbst sich nicht mehr allein helfen konnte. Und dies geschah dann ohne jede Sentimentalität. Die Entscheidung, Hilfe anzu-nehmen, lag allein bei der Todkranken, und sie wurde ihr nicht schon im Vorfeld von jemandem abgenommen, der aufgrund seiner Kenntnis vom Krankheitsverlauf oder in der Absicht der Schonung des Patienten eingriff. Ende September hatte Lily Pincus – wie gesagt – aufgrund der Verschlechterung ihres Zustandes den Eindruck, daß ihr einen Monat vorher geschrie-bener Text zu positiv klinge, und bat mich deshalb, bald zu Tonbandaufnahmen zu ihr zu kommen, da ihr das Schreiben zu schwer fiel. Ihre Gedanken dazu drückt wohl der folgende Bericht von Grace Harding am deutlichsten aus:

»Ich bin häufig gefragt worden, ob Lily Pincus Schmerzen hatte, aber das ist eine schwierige Frage: Wir alle haben bereits einmal Schmerzen mehr oder weniger stark empfunden und können uns vorstellen, daß sie noch stärker werden könnten. Die Übelkeit, Erschöpfung und Ohnmacht, von der Lily sprach, erreichten einen solchen Grad, daß sie ihren eigenen Körper als bereits tot empfand und sich selbst wie in einer Hülse gefangen vorkam, die sie nicht mehr länger zu beherrschen in der Lage war. Es war, wie sie sagte, eine erschreckende Erfahrung, und sie fürchtete die Wiederkehr dieser Anfälle. Die so negative Art

des Kraftverlustes war verwirrend, und es war sehr schwierig für sie, damit zu Rande zu kommen. Sie lehnte den professionellen Rat ab, doch ihre Energie aufzusparen, indem sie ihre körperliche Bewegung auf ein Minimum beschränke. Sie war fest entschlossen, ihre Rolle als ›Person‹ nicht zugunsten einer Patientenrolle aufzugeben. So gab sie ihre normale Lebensweise nur Stück für Stück auf, je nachdem, wie ihr Körper die Zusammenarbeit aufkündigte. Und dies geschah mit einer Schnelligkeit, die von Tag zu Tag zu bemerken war. Zu keinem Zeitpunkt wünschte sie, von ihrem ursprünglichen Entschluß, sich nicht behandeln zu lassen, zurückzutreten. Die kürzer werdenden Zeiten, die sie jetzt mit Freunden oder am Telefon verbrachte, waren noch immer voll lebendigem Interesse an deren Belangen und Erlebnissen und der Besprechung ihres eigenen Zustandes. Zu Beginn dieses Nachworts sprach Lily davon, wie wichtig es ist, wirklich lebendig zu sein, solange man lebt. Diese Bindung ans Leben prägte sie bis zum Schluß, und dadurch war sie sicherlich in der Lage, den Tod als letzte Herausforderung anzunehmen.«

Auf einen wichtigen Faktor ihrer Hinwendung zum Leben ging Lily Pincus im weiteren Text ihres Nachwortes ein:

Ich bin nicht reich: Aber mein größter Reichtum sind meine Freunde, und das war schon immer so. Dennoch war die Hilfsbereitschaft, die meine Freunde und Nachbarn mir zeigten, als sie von meiner Krankheit hörten, ein Ausgleich für diese Krankheit und für so vieles, auf das ich jetzt ihretwegen verzichten mußte. Ich lebe gegenüber vom Hampstead Heath Park, und ich ging dort sehr gerne auf lange Spaziergänge. Aber das geht nun nicht mehr. Mein Leben ist tatsächlich eingeschränkt auf meine Wohnung und mein Bett. Die Besuche von Freunden muß ich nun beschränken, da ich sehr schnell müde werde. Auch kann ich keinen Drink mehr mit ihnen nehmen; selbst der Geschmack eines mir lange Zeit lieben kleinen Gläschens Brandy vor dem Schlafengehen ist mir heute zuwider. Aber daß so viele Menschen, nicht nur nahe Freunde, sondern auch solche, die ich vorher gar nicht so gut gekannt habe, mir so liebenswürdig und verständnisvoll begegneten und mir ihre Hilfe auf eine solche erfinderische Weise anboten, indem sie meine Bedürfnisse und Probleme vorausahnten, bevor ich mir ihrer überhaupt bewußt wurde, das war und ist für mich eine äußerst bereichernde Erfahrung.

Diese Beispiele von praktischer Hilfe und Liebenswürdigkeit haben mein Leben während der vergangenen Monate zu etwas Besonderem gemacht; aber noch mehr taten das die vielen Zeichen von Nähe und Anerkennung durch Menschen, die ich nie persönlich getroffen habe, die mich jedoch durch meine Bücher, Radiovorträge und Seminare kennen. Sie geben mir das Gefühl, daß mein Leben lebenswert war. Und das ist die wichtigste Gewißheit, die jeder von uns während seiner letzten Lebensphase bekommen kann. Aber ich versuche mir auch der damit zusammenhängenden Gefahr bewußt zu sein, die eben darin liegt, daß ich den Erwartungen all derer gerecht werden soll, die nun auf mich schauen, um eine Anleitung dafür zu bekommen, wie man heiter und unerschüttert seine Krankheit trägt und in Vollendung stirbt.

Es ist hier nicht der Ort, davon zu berichten, wie Lily Pincus trotz dieser Erwartungen von außen ihren ihr so gemäßen Tod starb. Auch gehören hierher nicht ihre sehr persönlichen Sorgen um nahe Verwandte. Alles in allem bleibt weiterhin gültig, was sie Monate vor ihrem Tod schrieb:

Ich hinterlasse niemanden, dessen Leben sich durch meinen Tod sehr verändert. Als mein Mann Fritz im Sterben lag, sagte ich ihm einmal: »Wir können dies wenigstens gemeinsam tun. Wenn meine Zeit kommt, werde ich allein sein.« Er antwortete: »Ich bin mir nicht sicher, ob das nicht vielleicht einfacher ist.« Ich denke, daß ich zu verstehen beginne, was er damals gemeint hat.

Sich des Schmerzes bewußt zu sein, den man anderen verursachen mag, verstärkt die Trauer über Krankheit und Tod. Meine Beziehungen, meine Freundschaften waren immer der wichtigste Aspekt meines Lebens. Warum kann ich dann nicht traurig sein, wenn ich weiß, daß ich sie bald verlieren werde? Auch habe ich nicht das Gefühl, daß das Ende meines erfüllten Lebens und, wie ich hoffe, guten Todes in meinem eigenen Zuhause bei denen, die mich gern haben, Traurigkeit verursachen sollte. Denn solch ein Tod scheint mir Anlaß zu Freude und Feier. Aber wenn ich das so sage und, wie ich hoffe, ehrlich glaube, habe ich das quälende Gefühl, daß ich vielleicht versuche, Trauer und Leid zu verneinen.

Ein Freund und Kollege schickte mir eine schöne, handgemalte Karte, geschmückt mit bunten Blumen. Der einzige Text, der darauf steht, geschrieben in großen Buchstaben, lautet: NEIN NEIN NEIN. Andererseits denke ich, daß meine Haltung gegenüber meiner Krankheit und meinem Tod einigen helfen mag, die um mich sind. Eine sehr alte Freundin, die es immer angestrengt vermieden hat, über den Tod nachzudenken, obwohl sie die einzige Überlebende ihrer Familie ist, sagte mir vor ein paar Tagen, daß all diese früheren Tode für sie völlig unannehmbar gewesen und ihr immer recht unwirklich erschienen seien; sie hatte niemals das Gefühl, daß auch sie sterben würde. Aber durch unsere Gespräche über das Sterben und dadurch, daß sie sieht, daß meine Erwartung des Todes mich nicht davon abhält, mich am Leben zu freuen, spürt sie, wie wichtig es ist, über ihren eigenen Tod nachzudenken.

Daß meine nächsten Freunde meine Empfindungen über meinen herannahenden Tod zu teilen scheinen, macht mich sehr glücklich. Einer von ihnen sagte unlängst: »Alles, was ich hoffe, ist, daß du den Tod so gut leben wirst, wie du über ihn geschrieben hast.«

Für die meisten Leute, selbst für jene, die keine aktiven Kirchenmitglieder sind, erhalten die Pfarrer beim Herannahen des Todes eine wesentliche Bedeutung. Eine Freundin, eine sehr kluge Analytikerin, erzählte mir, daß sie für zwei Jahre einen etwa fünfzigjährigen Pfarrer als Patienten hatte. Er konnte nicht leben, weil er solche Angst vor dem Sterben hatte. Als ich sagte: »Wie kann er dann aber Pfarrer bleiben?«, antwortete sie: »Vielleicht ist er dadurch besser vorbereitet, sich seinen Ängsten zu stellen, als jemand anderes.«

Bei der Frage nach dem Glauben bringe ich Pfarrer in eine unangenehme Lage, in der ich mich auch selbst befinde. Ich wurde in eine jüdische Familie geboren und wuchs ohne jegliche jüdische Tradition auf. Als ich Deutschland verließ und neue Wurzeln zu schlagen hatte, arbeitete ich mit einer Gruppe von Sozialarbeitern, die überzeugte Christen waren und ihren Glauben für ihre Arbeit einzusetzen wußten. Mein Bedürfnis, eine von ihnen zu sein, veranlaßte mich, ihre Kirche zu besuchen, und nach einiger Zeit wurde ich in der Kirche von England getauft und konfirmiert. Mein Mann, der viel stärker in jüdischer Philosophie und Tradition zu Hause war, verstand mein Bedürfnis und unterstützte es, und für eine Weile waren Gottesdienste und besonders die Kommunion eine bedeutende und sehr direkte religiöse Erfahrung für mich. Aber nach einiger Zeit wurde mein Zugehörigkeitsbedürfnis durch meine Arbeit, die für mich überaus wichtig war, ersetzt. Dennoch verstehe ich mich selbst als einen religiösen Menschen, dessen Leben durch das begründet ist, was uns unbedingt angeht, wie Paul Tillich es ausdrückt, und es wäre schwierig für mich, mich meinem Sterben und meiner Einäscherung zu nähern, ohne dies anzuerkennen. Wenn ich dies mit meinen jüdischen und christlichen Freunden, die im Gemeindedienst stehen, erörterte, setzte ich mich jeweils ihren Versuchen von »pastoraler Beratung« aus, was sie wie mich in Verlegenheit brachte.

Vier Tage vor ihrem Tod hatte Lily Pincus noch eine Erfahrung, die ganz im Gegensatz zu dieser Bemerkung steht: Ein alter Freund, den sie aus gemeinsamen Kursen für anglikanische Missionare in den fünfziger Jahren kannte und schätzte, John V. Taylor, Bischof von Winchester, wollte sie nochmals besuchen. Dieses Treffen war ihr vor allem deshalb wichtig, weil sie mit John Taylor einige Sorgen besprechen wollte, die frühere Mitarbeiter ihr mit voreiligen und unangemessenen Plänen für einen Gedenkgottesdienst nach ihrem Tod gemacht hatten. John Taylor versicherte ihr erst einmal, daß ihre Freunde nach ihrem Tod Zeit zum Trauern brauchten, bevor sie sich zum Danksagen treffen könnten, das in seiner Form allein ihrem Selbstverständnis entsprechen müsse. Er sage seinen Konfirmanden immer wieder, daß Gott am Leben interessiert sei, nicht an der Religion. Gerade Menschen wie Lily Pincus seien eine ständige Herausforderung an alle Denominationen, sich dessen bewußt zu bleiben. Bedeutsam war für Lily Pincus dann in ihren noch *verbleibenden Tagen aber ein Gedanke, den John Taylor von Ladislaus Boros aufnahm: Das Wesentliche im Sterben sei, sich dem Strom aller Dinge, Bedeutungen, Personen und Geschehnisse, die im Leben begegneten, als dem Strom des Seins schließlich zu überlassen. Nachdem das vorherige Leben nur jeweils ein momentanes Eintauchen in diesen Strom gewesen sei, sei ein solcher Tod eine nicht endende Erfüllung, werde zu einer Verbindung des gesamten vorherigen Lebens. Diese Gedanken entsprachen den Vorstellungen, die das Leben von Lily Pincus geprägt hatten. Ihre Vorsorge für die Art ihrer Bestattung, die sie am Ende ihres Textes anspricht, macht das deutlich:*

Wo könnte ich ein Ritual finden, das meiner persönlichen Situation gegenüber ehrlich und angemessen wäre? Ich habe dieses Problem dadurch zu lösen versucht, daß ich einen sehr verständigen Rabbi der reformierten Synagoge gebeten habe, den Bestattungsritus für mich zu übernehmen. Er kennt mich und meine Arbeit und versteht, daß meine Bitte an ihn nicht bedeutet, daß ich in letzter Minute zu meinem Judentum zurückkehre. Es ist vielmehr ein Ausdruck meines Bedürfnisses, in meinem Sterben die Macht anzuerkennen, die mein Leben bestimmt hat.

Auswahlbibliographie

An dieser Stelle wird eine kleine Auswahl von Titeln genannt, die grundlegende Informationen vermitteln.

Simone de Beauvoir, Das Alter, Rowohlt Verlag 1972. Ein ausführlicher, wenn auch pessimistischer Überblick über die Einstellung zum Alter in früheren Gesellschaften und heute.

Ronald Blythe, The View in Winter – Reflections on Old Age, Allen Lane, Penguin Books, London 1979. Der Autor hat Achtzigjährige verschiedenster Herkunft berichten lassen; das Buch enthält deren ungeschminkte Ansichten über das Alter und eine kluge, wenn auch etwas düstere Interpretation durch den Autor. Einiges Material ist hochinteressant.

Robert N. Butler, Why Survive: Being Old in America, Harper and Row, New York 1975. Ein maßgeblicher und höchst kritischer Überblick über alle Aspekte des Alterns.

Vida Carver und Penny Liddiard (Hrsg.), An Ageing Population, Hodder und Stoughton, in Zusammenarbeit mit der Open University Press, 1978. Eine interessante und nützliche Sammlung von Aufsätzen.

Alex Comfort, Die Zukunft des Alters. Die interessante Generation, Müller, Rüschlikon 1978. Der Autor, eine Autorität auf diesem Gebiet, räumt mit Mythen und stereotypen Auffassungen über die verschiedenen Aspekte des Alters auf. Er schreibt geistreich, eindrucksvoll und direkt.

Irene Gore, Age and Vitality; Commonsense Ways of Adding Life to Your Years, Unwin Paperbacks 1979. Eine energische Attacke gegen die Idee, daß zunehmendes Alter gleichbedeutend sei mit einem unvermeidlichen schweren geistigen und körperlichen Verfall. Es werden Mittel und Wege gezeigt, wie man im Alter Lebenskraft und Vitalität verbessern kann.

Dieter Hessel (Hrsg.), *Maggie Kuhn on Ageing,* The Westminster Press, USA, 1977. Die unverblümten Ansichten der Führerin der »Grauen Panther« in den Vereinigten Staaten, geäußert in Form eines Interviews.

Morton Puner, To the Good Long Life: What We Know About Growing Old, Macmillan, London, 1978. Eine beachtliche, lesenswerte und herausfordernde Untersuchung über den Alterungsprozeß und die »neue« Generation der über Sechzigjährigen. Das Buch ist jetzt Lehrbuch der Open University, dem britischen »Funkkolleg«.

Florida Scott-Maxwell, The Measure of My Days, Stuart and Watkins, London 1968. Gedanken einer Frau über das Altwerden: »Wir Alten wissen, daß das Alter mehr ist als ein Nachlassen der Kräfte. Es ist eine intensive und neuartige Erfahrung, die manchmal fast über unser Begriffsvermögen hinausgeht, aber etwas sehr Wichtiges.«

Paul Tournier, Die Chance des Alters. Erfahrungen mit einer neuen Freiheit, Herder, Freiburg 1978. Die Philosophie des Alterns aus der Feder eines Schweizer Arztes. Eines der wenigen Bücher, die das Problem des Alterns energisch in Angriff nehmen.

Das Buch, das Sie soeben gelesen haben, ist der Band 9
einer Reihe, die im Kreuz Verlag erscheint:

Stufen des Lebens
Eine Bibliothek zu den Fragen unseres Daseins
Herausgegeben von Hans Jürgen Schultz

In der Bibliothek »Stufen des Lebens« werden Lebensfragen
behandelt, die jeden Menschen angehen. Diese Buchreihe
wendet sich bewußt an den Laien. Ihm werden durch Einsicht
in die Grundmuster seelischen Verhaltens praktische Hilfen
zur Daseinsbewältigung gegeben. Bei aller Vielfalt der Themen
ist den Autoren die Absicht gemeinsam, dazu beizutragen, daß
der Mensch erwachsener, lebendiger und freier wird und sich
nicht ausschließlich an Erfolg und Leistung orientiert.

Für Leser, die die Gesamtreihe zur Fortsetzung bestellen, gilt
ein um ca. 10% ermäßigter Vorzugspreis.

In dieser Reihe sind bisher die folgenden
Bände erschienen:

Bd. 1: Brocher, Stufen des Lebens
Bd. 2: Fischle-Carl, Fühlen was Leben ist
Bd. 3: Kutter, Die menschlichen Leidenschaften
Bd. 4: Dieckmann, Umgang mit Träumen
Bd. 5: Seifert, Ich – Du – Wir
Bd. 6: Barz, Vom Wesen der Seele
Bd. 7: Heim, Krankheit als Krise und Chance
Bd. 8: Schmid, Jeden gibt's nur einmal

Ein Sonderprospekt zu dieser Reihe, den Sie beim Verlag an-
fordern können, bietet Ihnen eingehende Information.

Kreuz Verlag   Stuttgart · Berlin

Weitere Bücher zum Thema Lebenshilfe im Alter und beim
Älterwerden:

Fritz Riemann
Die Kunst des Alterns
Hrsg. von Siegfried Elhardt und Doris Zagermann
140 Seiten, kartoniert

»Gemäß der Zielsetzung der Psychotherapie, Ursachen seeli-
scher Probleme bewußt zu machen und sie dadurch in den Griff
zu bekommen, besteht eine Leistung des Buches darin, Zusam-
menhänge typischer Altersphänomene mit der ganzen Lebensgeschichte auch dem Laien einsichtig zu machen. Riemann
zeigt dem aufgeschlossenen Leser Wege, sich selbst und andere
besser zu verstehen, damit auch, sich selbst helfen zu können.«
Dr. Ute Seebauer im Familienfunk des Bayerischen Rundfunks

Kreuz Verlag   Stuttgart · Berlin

Barbara Hug
Von Herzen willkommen
Ein Buch für Großeltern
120 Seiten, davon 8 Farbtafeln, gebunden mit
vierfarbigem Überzug

» . . . Die Autorin hilft allen Großeltern zu einem ganz neuen
Selbstbewußtsein . . . Während alle Eltern viel zu besorgt um die
richtige Erziehung sind und viel zu gestreßt im Großziehen
ihrer Sprößlinge, strahlen Oma und Opa Ruhe, Geborgenheit
und ein bißchen Weisheit aus, auch wenn sie erst fünfzig sind
und auch in der heutigen Zeit.«
Anne Steiner in »Der Weinberg«, Mainz

Kreuz Verlag AG   Zürich